KB196315

쉽게 상처받는

당신의 마음에 대하여

고통과 상처에 대한
심리학적 처방

쉽게 상처받는 당신의 마음에 대하여

롤프 젤린 지음
김현정 옮김

🌳 나무생각

차례

상처를 딛고 다시 일어서고 싶은 당신에게

이 책을 쓰지 않으면 왠지 내가 마땅히 해야 할 일을 방치하는 것 같은 느낌이 들었다. 이 세상에는 아주 많은 정신적 고통이 존재하고, 나는 수십 년에 걸쳐 이러한 고통에 효과적으로 대처하는 방법들을 연구해왔다. 이 책을 읽으면 알게 되겠지만, 나는 가장 먼저 우리의 일상 한가운데서 벌어지는 하나의 사례를 들어 이야기를 시작하고자 한다. 이 사례의 주인공 일로나의 이야기는 나와 당신, 우리 모두의 이야기일 수 있으니, 그녀가 어떤 고통 속에 자신을 내맡기고 있었는지 관심을 가지고 살펴보길 바란다.

일로나는 상처와 관련하여 이 책에 제시된 방법들을 알기 전에는 반복적으로 일어나는 다음과 같은 상황에 처해 있었다.

상처를 마주하기 전에

일로나는 시누이 브리기테의 방문을 막지 못한다. 시누이는 남편과 가장 가까운 사람 중 한 명이니까. 또 가끔씩 일로나의 친정어머니도 집에 찾아오신다. 일로나의 남편은 장모 앞에서 항상 좋은 인상을 심어주기 위해 노력했고, 형식적이기는 하지만 정중하고 친절한 태도를 유지했다. 그래서 장모가 온갖 잔소리나 듣기 싫은 소리를 늘어놓아도 장모가 집으로 돌아갈 때까지 늘 화기애애한 분위기를 만들었다.

그런데 일로나는 남편이 장모에게 하는 것처럼 결코 시누이에게 할 수 없었다. 일로나는 시누이의 말을 들을 때마다 항상 속이 부글부글 끓어오르고 과민한 반응을 보였다. 그러면 시누이는 더 심하게 빈정대고 비꼬아 말했고, 일로나는 그로 인해 또다시 신경질적이 되었다. 시누이에 대한 일로나의 반응은 점점 최악의 상황으로 치달았다. 대개의 경우, 좋았던 분위기를 먼저 깨는 사람은 일로나였고, 이런 상황을 만든 것에 대해 어쩔 수 없이 사과할 수밖에 없었다.

가끔은 일로나가 편두통을 심하게 느껴서 사태가 악화되기 전에 미리 한발 물러설 때도 있었다. 하지만 일로나가 이런 식으로 물러날 때에도 시누이는 이때를 결코 놓치지 않았다. 이를테면 자기 가족은 아주 건강하다는 말을 하거나, 아는 체하며 온갖 조언을 늘어놓으면서 일로나의 심기를 건드렸다. 시누이는 일로나가 정말로 걱정돼서 하는 말이라며 그녀를 동정하듯이 바라보았다. 하지만 시누이의 이런 잔소리가 일로나에게는 그저 '오빠가 더 좋은 여자를 만났어야 했어.'라는 말로만 들렸다. 결국 일로나의 불쾌감은 점점 커졌고 시누이를 인간적으로 받아들일 수 없었다.

일로나가 조용히 물러나 있을 때면 시누이가 일로나의 집안일을 진두지휘했다. 시누이는 먼저 부엌의 가구 배치를 바꾸고 식사까지 직접 요리해서 준비했다. 이럴 때마다 일로나는 자존심이 매우 상했다.

일로나는 작년 크리스마스 파티 때 시누이한테서 받은 정신적 상처를 여태껏 마음속에 품고 있다. 그 상처를 생각할 때마다 가슴이 저려왔다.

그런데 시누이가 방문할 날이 또다시 다가오고 있었다. 일로나는 지난 사흘 동안 저녁 내내 쓸고 닦고 치웠다. 또 살도 좀 빼서 몸매를 다듬어보려고 노력했고, 시누이처럼 건강에 좋은 음식을 요리해보려고 애썼다. 그런데 부엌이 완전히 정리되지도 않았는데 초인종 소리가 들렸다. 그리고 동시에 분위기가 슬슬 위태로워지기 시작했다.

아니나 다를까, 시누이는 일로나를 또다시 걱정스럽게 바라보면서 기운이 없어 보인다며 어디가 안 좋은 건 아니냐고 물었다. 그리고 여기저기에서 주위들은 피상적인 조언을 일로나에게 늘어놓으면서 일로나가 한마디도 못 하게 만들었다. 그러더니 곧바로 일을 도와주겠다고 나섰고, 일로나 대신 식사 준비를 진두지휘했다. 시누이는 일로나에게 아무런 양해도 구하지 않고 고급 식기를 꺼내 사용했다. 그 식기는 식기세척기에 돌리면 안 되는 그릇이라 설거지하기가 더 힘든데도 말이다. 일로나가 마치 그릇에 묻은 먼지를 불어내듯이 한숨을 쉬며 그 그릇들을 걱정스럽게 바라보자, 시누이는 가만히 앉아 있으라고 명령조로 말했다.

일로나는 분노와 괴로움이 치밀어 올랐다. 그 순간 일로나는 '너에게 꼭 앙갚음을 해주고 말 거야!'라고 생각했다. 하지만 이내 끝까지 평정심과 자제력을 유지해야겠다는 생각이 다시 들었다. 그녀의 평정심과 자제력은 일요일 12시 10분까지는 성공적이었다. 그런데 더 이상 참을 수 없었던 일로나는 시누이의 가장 큰 약점을 건드리는 발언을 하고야 말았다. 그 즉시 일로나에게 또다시 편두통이 찾아왔다. 일로나는 비참하고 속상했고, 동시에 죄책감도 느꼈다.

상처를 마주한 후에

일로나는 이제 이 책에 제시된 여러 가지 방법을 잘 알게 되었다. 그리고 시누이와의 만남에도 변화가 생겼다. 일로나는 지금까지 시누이의 방문이 늘 어떤 방향으로 흘러갔는지를 마음속으로 거리를 두고 바라보았다. 그렇게 하자 반복적으로 나타난 고정된 패턴을 발견했고, 자신이 시누이의 어떤 독설에 가장 격한 반응을 보이는지 구분할 수 있었다. 그녀는 자신의 '상흔', 즉 자신의 가장 예민한 부분을 발견했고, 시누이가 늘 그곳을 바늘로 찔렀다는 사실을 알게 되었다. 만약 자신이 아무 상관 없는 사람이었다면, 아무리 바늘로 찔러도 마음을 다치지 않았을 것이다.

이러한 깨달음을 얻고 난 뒤 일로나는 자제심과 용기가 생겼고, 마음이 한결 홀가분해졌다. 이제는 어느 정도 차분하게 시누이와 대면할 수 있을 것 같았다. 이제 그녀는 자기 자신에게 도움이 되는 법을 알고 있었다. 자신의 '상처'를 찬찬히 관찰할 능력이 생겼고, 무엇이 상처 치유에 효과적인지를 직접 찾아낼 수 있었다. 또한 예전에는 자신이 앞으로 받을 상처를 미리 예상하고 미리 아파했다는 사실도 깨달았다. 하지만 이제 그녀는 마음속으로 거리감을 두고 실제로 어떤 일이 벌어졌는지를 인식할 수 있었다. 이를테면 일로나가 상처받았다고 느끼고 자존심이 크게 상했을 때는 시누이가 일로나의 집에서 멋대로 행동함으로써 그녀의 약점을 잡고 공격하는 것이라고 생각했다. 일로나의 이러한 내면적 태도는 상처의 여부와 깊이에 큰 영향을 주었다.

물론 일로나는 시누이의 행동이 달라지리라고 생각하지 않았다. 시누이는 앞으로도 일로나에게 계속 상처를 줄 것이다. 그래서 일로나는 시누이의 방문을 앞두고 철저하게 대비했다. 심지어 그녀는 작은 쪽지에 자신에게 도움이 될 만한 방법들을 축약어를 써가며 복잡하게 메모했다. 자신의 이러한 전략을 시누이 앞에서 티 내지 않고 사용하고 싶었기 때문이다. 그녀는 자신이 복용하는 약, 예를 들면 편두통 약을 보관하는 곳에 또 다른 쪽지를 놓아두었다. 이 쪽지에는 그녀가 시누이의 비방에 정말로 상처를 받았을 때 어떤 대처를 해야 하는지를 적어두었다. 시누이한테 책잡힐 것이 없을 정도로 집을 완벽한 상태로 만드는 것도 중요했지만, 이보다 더 중요한 것은 정신적으로 느긋하고 강한 상태에서 시누이를 마주하는 것이었다. 어차피 일로나는 집을 그렇게 완벽한 상태로 만들지도 못하겠지만 말이다.

일로나는 자신이 좋아하는 소파에 앉아서 긴장을 어느 정도 가라앉히면서 시누이를 기다렸다. 초인종이 울리자 일로나는 얼른 자신이 적어둔 쪽지를 한 번 쳐다보았다. 그리고 마음을 단단히 먹고 문을 열었다. 그녀는 평소 하던 대로 시누이를 포옹하며 맞이했다. 하지만 이번에는 마음속에 확실하게 거리감을 두었다. 그녀는 혼자서 빙그레 웃을 수 있었다. 다시 말해 그녀는 뭔가 확실하게 달라졌음을 깨달았다.

예전에 일로나는 시누이에게 정말로 인정받고 싶어 했고, 나아가 사랑받기를 원했다. 그녀는 자신이 늘 원하던 언니의 모습을 시누이에게서 발견하려고 했다. 그러나 이제 일로나는 시누이를 언니가 아닌, 그저 시누이로 대하며 인사를 했고, 시누이를 있는 그대로의 모습으로 받아들일 수 있었다. 나아가 자기 마음속에서 어떤 호기심을 발견했다.

앞으로 일로나는 자기 자신에 대해서 많은 것을 경험하게 될 것이다. 그리고 그녀는 즐겁게 이 경험을 할 준비가 되어 있다.

당신의 상처받기 쉬운

마음에 대해

　아버지가 목사여서 그랬는지 나의 어린 시절은 대부분의 또래 친구들과는 조금 달랐다. 고통과 괴로움, 죽음, 슬픔과 같은 주제가 우리 가족의 대화에는 자주 등장했고, 당연한 듯 일상에 속했다. 부모님은 어린 우리 앞에서도 운명과 삶, 마음의 괴로움 등에 대해 이야기를 자연스럽게 나누었다. 마치 농가의 부모들이 식사를 하면서 아이들 앞에서 때 이른 파종이나 옆 동네의 구제역 문제, 출산이 임박한 소에 대해서 말하는 것처럼 말이다. 또 교구 신자들은 어린 내가 함께 산책을 하고 있는데도 가족 간의 싸움과 마음의 상처, 고통에 대해서 목사인 아버지에게 심정을 토로하곤 했다.

　나는 1948년에 태어났다. 당시에는 아주 깊은 정신적 괴로움이 사람들을 짓누르고 있었다. 나치 시대와 전쟁, 추방과 포로 생활에 대한 공포가 우리의 영혼에 생채기를 냈고, 이 상처는 1950년대가 되어도 완전히 치유되지 않았다. 또한 추방당한 사람들과 토착민이 협소한 곳에서 함께 살게 되면서 서로 감정을 상하게 하거나 상처를 주는 상황이 벌어졌다. 또 어쩌면 그냥 무시당하거나 상처받았다고 느끼는 경우도 많았다.

내가 살았던 마을은 동독과 서독의 경계에 있었다. 우리 마을의 교구 목사관에는 우리 가족뿐만 아니라 추방민과 난민들이 다락방까지 꽉꽉 채워서 함께 살았다. 나는 날씨가 좋을 때는 주로 마당에서 놀았고, 비가 올 때는 함께 사는 사람들 방을 찾아갔다. 그러면서 그들에 대해 많은 것을 알게 되었다. W부인은 행방불명자 조사 기구를 통해 가족을 다시 찾아 곧 가족의 품으로 돌아가게 되었는데도 매우 비참해했다. 반면 S부인은 전쟁으로 남편을 잃고 아들은 망명 중에 혹한과 굶주림으로 목숨을 잃었는데도 자비로운 성품을 가지고 있었다.

나는 S부인의 방에 특히 자주 놀러갔다. 그녀는 나와 함께 노래를 불렀고, 재미있는 이야기를 들려주기도 했다. 아주머니의 작은 방에는 필요한 생필품이 거의 없었는데도 아주머니는 매사에 기뻐했다. 아주 힘들어도 그 괴로움이 전혀 느껴지지 않는 사람이 있는가 하면, 자신에게 가해진 일이나 자신이 잃은 것에 대해서만 이야기하는 사람이 있다. 또 자신의 힘겨운 운명에 대해서 전혀 말하지 않는 사람들도 있다. 물론 그들의 목소리는 분명히 고통스럽고 괴로울 것이다.

나는 꼬맹이 소년이었지만 이 모든 것을 마음으로 이해할 수 있었다. 나 또한 마음의 상처와 고통을 직접 경험했다. 내가 견뎌내야 했던 상처들, 또 내가 다른 사람에게 가한 상처들.

사람마다 고통을 감내하는 능력이 다르다

지금에 와서 그때의 상황을 거리를 두고 바라보면 그 시절로부터 몇 가지 깨달은 사실이 있다. 모든 사람이 어떤 방식으로든 정신적 상처와 고통을 받을 것이라는 점이다. 이것은 명백한 사실이다. 또한 정신적 상처의 깊이나 무게를 측정하는 객관적인 척도는 존재하지 않는다. 마찬가지로 상처와 그로 인한 고통 사이의 연관성을 측정할 수도 없다. 정신적 상처의 무게와 깊이만으로 당사자가 겪는 고통의 정도를 알 수 있는 것은 아니다. 비교적 사소한 원인이 어떤 사람에게는 깊은 고통을 줄 수도 있고, 아무리 중대한 사건이라도 경우에 따라서는 미미한 고통으로 느껴질 수 있다. 예를 들어 비교적 가벼운 정신적 상처에도 크게 놀라고 강렬한 고통을 느끼는 사람은 깊은 상처를 받을 경우 어쩌면 아주 현명하고 뛰어나게 대처할 수 있을 것이다. 또한 같은 사람이라도 어떤 정신적 상처는 빨리 극복하는 반면, 어떤 상처는 오래도록 지속되기도 한다. 또 사람마다 고통을 감내할 수 있는 능력이 다르다. 다른 사람들로부터 강하고 굳건한 사람이라고 평가받는 사람이라도 경우에 따라서는 상처를 쉽게 받고 잘 견디지 못하는 사람보다 오래도록 마음의 상처를 간직하기도 한다.

정신적 상처는 지속적으로 서로 다른 영향을 미칠 수 있다. 이를테면 어떤 고통스러운 사건이 누군가에게는 깊은 상처나 아물지 않은 흉터를 남길 수도 있고, 또 누군가에게는 아무런 흔적조차 남기지 않을 수도 있다. 어떤 사람은 고통스러운 상황을 겪어내고도 잊어버릴 수 있는 반면, 또 어떤 사람은 자신이 강하다는 것을 보여주기 위해 고통을 억누른다. 그리고 평생동안 그 사건의 그늘로부터 벗어나지 못한다. 또 자신의 삶을 비참해하거나 아직 상처가 아물지도 않은 상태에서 더 많은 상처와 괴로움에 처하는 사람도 있고, 정신적 고통을 겪음으로써 인간미와 선한 마음을 갖게 되는 사람도 있다.

다시 말하자면, 우리는 정신적 상처를 입은 사람의 입장에서 고통의 깊이, 고통의 작용 방식, 고통으로 인한 괴로움의 정도를 결정한다. 물론 처음에는 우리가 결정할 수 있는 범위가 미미할 수 있다. 하지만 상처나 고통에 계속 대처하다 보면 우리가 그 상처와 고통을 어떻게 실제로 겪는지, 그리고 무엇보다도 그것이 우리 안에서 지속적으로 영향을 미치는지, 만약 그렇다면 어떤 영향을 미치고 있는지에 초점을 맞추게 된다. 우리는 고통을 사라지게 할지, 무시하고 그냥 간직할지, 아니면 자신을 마비시키고 봉쇄할 정도로 강화시킬 것인지를 우리의 반응으로 결정한다. 또 우리는 고통을 성숙의 기회로 삼을지도 결정한다. 이 책에서는 바로 이러한 기회를 다루고 있다. 이 책은 의식적으로 고통에 대처하는 내면의 자유로 당신을 이끌고자 한다. 그래야만 당신 안에 늘 존재하는, 상처받기 쉬운 마음에 맞설 수 있는 무기를 준비할 수 있다. 그 무기는 바로 상처에 대한 각성과 책임, 자기 보살핌과 치유다.

고리타분한 분석보다 실제적 해결 방법으로

아마 여러분은 이쯤에서 학문적으로 분석이 가능한지에 대해 질문을 제기할 것이다. 내가 정신적 상처와 고통을 직접 경험하고, 또 사람들을 통해서 생생하게 들은 내용을 종합해볼 때, 나는 이 주제가 학문적인 분석으로부터 멀리 벗어나 있다는 사실을 알게 되었다. 다시 말해 고통은 양적으로나 통계적으로는 파악될 수 없으며, 각 개인의 정신적 상처는 그 사람이 과거에 겪었던 정신적 고통으로부터 분리된 채 관찰될 수 없다. 또한 실험 조건하에서 겪는 정신적 상처 역시 우리가 살면서 마주치게 되는 상처와 동일시될 수 없을 것이다. 학문은 삶의 이런 중요한 영역을 측정하는 적합한 수단이 될 수 없다.

그렇기 때문에 나의 단초는 지극히 실제적이다. 다시 말해 나는 정신적 상처를 받았고, 또 다른 사람에게 상처를 주기도 했다. 나는 이 분야에 정통해 있고, 정신적 상처에 건설적인 방식으로 대응하기 위해 나 자신과 내 환자들에게 확실하게 도움이 될 여러 방법들을 개발해왔다. 나는 원래 건축과 기술을 전공했고, 심리학 공부를 뒤늦게 시작했기 때문에 나의 접근 방식은 일반 심리학자들과는 다르다. 하지만 바로 여기에 가능성이 있다고 생각한다. 나는 학계에서 인정받은 정통 심리 치료 학설이나 고리타분한 해석과 추측은 별로 중시하지 않는다. 오히려 인간이 자기 자신, 자신의 인식, 자극의 가공 방식에 대응하면서 나타내는 실제적 변화를 중시한다. 그러면 고통에 대한 반응이 구체적으로 변화하고, 당사자가 이를 해결하고 발전시켜 나가게 된다. 나의 방법들은 인지에서 시작한다. 그리고 간단하고 효과적이며, 독립적으로 적용될 수 있다. 또한 당신이 상처를 자가 치유할 수 있는 검증된 해결 방법을 제시한다.

만약 당신이 학문적으로 입증되고 통계적 근거가 제시된, 그리고 이러한 토대 위에서 실현시킬 수 있는 해결 방법을 바란다면 나는 여러분을 실망시킬 수밖에 없다. 그리고 인내심을 가지고 오래 기다리기를 바랄 수밖에 없다. 반면 당신이 살아가는 동안 구체적인 해결책을 발견하고 이를 발전시키기 원한다면, 이 책에 제시된 인식들과 마주할 용기를 갖기 바란다. 그리고 다양한 방법을 적용시키면서 실험의 기쁨을 누리고, 이제부터 정신적 고통에 유익하게 대응하기 바란다.

합리적 사고를 강요할수록

정신적 고통은 더 깊다

　서구 문화는 고대 그리스 때부터 정신과 물질의 대립이라는 사상이 뿌리박혀 있다. 이러한 고찰 방식에서 정신은 남성적으로 이해되며, 물질이나 육체는 여성적인 것으로 이해된다. 가부장적인 전통에서 정신은 육체보다 높게 평가되며, 따라서 육체는 정신보다 가치가 떨어지고 심지어 부분적으로는 의심스러운 것으로 간주된다. 이렇게 육체는 하위에 있는 것, 또는 정신의 노예로 전락했다.

　그러나 인간은 '정신'과 '육체'의 합이다. 그리고 더 나아가 그 이상의 것이 분명히 존재한다. 그것은 바로 '감정'이다. 감정은 정신과 육체라는 이원론의 관점에서는 매우 무시당하는 요소다. 감정은 구체적으로 파악할 수 있는 것이 아니다. 사고는 논리라는 합법성을 통해 평가되고 규제될 수 있다. 그러나 감정에서는 정신이 이러한 기능을 하는 것이 거의 불가능하다. 또한 사고는 대개 직접적으로, 그리고 내용상 큰 누락 없이 언어로 다른 사람에게 전달될 수 있다. 우리가 대부분 언어적으로 사고하기 때문이다. 사고는 서로 쉽게 이해되고 논의될 수 있다. 하지만 감정에서는 그렇게 하는 것이 어렵다. 또한 감정은 이원론의 논리에서 벗어나 있다. 이를테면 감정은 서로 모순될 수 있다. 감정을 다른 사람에게 전달할 때에는 오로지 감정을 통해서만 직접적으로 전달할 수 있다. 그런데 많은 사람들이 감정을 구체적으로 파악하거나 이해하지 못한다. 물론 우리는 감정을 말로 표현할 수 있다. 다시 말해 감정을 언어로 옮길 수 있다. 그렇다고 그것이 정말로 그대로 우리의 감정일까?

감정은 아이들과 어머니, 나아가 일반적으로 여성의 영역에 속한다. 감정과 공감이 없다면 아이를 보살피는 것이 불가능하기 때문이다. 포유동물 영역에서처럼 우리 인간세계에서도 오직 감정만이 영혼의 따스함과 안정감에 대한 욕구를 인지할 수 있으며, 감정을 통해서만 감정이 충실히 전달될 수 있다. 감정은 힘이 막강하다. 그렇기 때문에 많은 사람들이 감정에 대해 의심을 품으며, 심지어 어떤 사람들은 자유롭게 자기 길을 가기 위해 감정을 평가절하하고 부정하는 방어 태세를 취한다. 하지만 우리가 감정을 의심하고 부정한다고 해서 그 감정이 사라지는 것이 아니다. 감정은 여전히 그 자리에 존재하면서 효력을 발휘한다. 이성과 사고를 동원해 감정 세계를 거부할 때조차 감정에 대한 두려움이 개입되며, 결국에는 감정이 다시 위력을 드러낸다. 이러한 두려움 역시 감정이기 때문이다.

영혼의 상처는 우리의 감정에 관계된다. 앞서 언급된 내용만 보더라도 감정은 수세의 위치에 있다. 어쩌면 감정은 평가절하와 무시에 의해 이미 손상되었다고 말할 수 있다. 그렇게 되면 감정은 이러한 기존의 상처를 바탕으로 반응하게 된다.

감정은 검열 대상이 아니다

'오감'(사실은 이보다 더 많다!)을 통해 우리는 자극과 함께 또 다른 중요한 정보들을 받아들이고 있다. 이 정보들은 삶이라는 배가 나아갈 방향을 설정하고 조종하는 데 아주 중요하다. 그것은 바로 우리의 몸과 감정에 대한 자각이다. 몸은 우리의 물질적 실존의 맥락에서 우리의 상태 및 안부에 대한 정보를 준다. 감정은 우리의 사회적 실존과 관련된 상태에 대해 알려준다. 우리는 무리에 잘 속해 있는가? 우리는 다른 사람에게 좋은 평가를 받고 있다고 느끼는가? 우리는 사랑하고, 또 사랑받고 있는가? 또한 우리의 감정 상태에 대해서도 알려준다. 우리는 행복한가? 행복하기 위해서 무엇이 필요한가?

감정은 우리가 경험하는 모든 것에 함께 섞여 있으며, 마치 진동 벨처럼 반응하면서 우리에게 전달된다. 더 나아가 우리는 우리를 둘러싼 주변 세계와 다른 사람들과 끊임없이 감정을 교환한다. 감정은 인상을 받아들이기도 하고, 우리가 마주치는 다른 사람에게 발산되기도 하면서 그들에게 공감을 형성한다. 감정은 수동적이기도 능동적이기도 하다. 그리고 우리는 감정을 수단으로 우리가 살고 있는 분위기를 함께 만들어간다.

검열된 감정

우리는 우리 자신이 받아들이는(또는 받아들일 수도 있는) 감정을 충실히 따르고 있는가? 또한 감정의 가치를 높이 평가하고 사실대로 인지하는가?

감정을 능력으로 여기지 않고, 오히려 극복하고 없애야 하는 대상으로 생각한다면 터무니없는 오산이다. 이것은 마치 선장이 수심이 자기 마음에 들지 않는다고 음향측심기를 검열하고 수심을 통보하지 못하도록 하는 것이다. 또는 항공관제센터의 레이더 스크린에 특정 항공기가 나타나지 않게 막으려는 것과도 얼추 비슷할 것이다. 감정 또한 일종의 인지이며, 우리의 감각 시스템과 지각의 중요한 요소다. 우리의 사고와 감정, 몸이 함께 작용해야 비로소 우리 내면의 시스템을 스스로 통제하고 삶의 방향을 설정할 수 있다. 사고만으로는 우리를 행복하게 만들지 못한다. 우리가 행복해지기 위해서는 신체적 상태와 우리의 감정을 모두 끌어들여야 한다.

감정Gefühl과 정서Emotion

우리가 하지 말아야 할 오해가 있다. 감정은 이원론의 문제가 아니며, 감정이 사고를 대신할 수 없다는 사실이다. 또한 우리는 강아지처럼 내면에서 인지하는 모든 감정을 즉시 따르고 일일이 즉흥적으로 표현할 수도 없다.

감정과 정서는 자주 혼동되는 개념이며, 용어 사용 역시 명확하지 않다. 보통 감정이라는 개념은 정적이거나 감상적인 감정에 사용되며, 정서는 힘차고 강한 감정에 사용된다. 확실한 것은 강한 감정이 부드러운 감정보다 더 강하게 표현된다는 점이다. 그런데 정서라는 것은 감정의 표현을 뜻한다. 다시 말해서 감정은 마음속에서 인지하는 느낌과 기분이며, 정서는 밖으로 드러내고 표현하는 감정이다. 아동기에는 자연스럽게 감정이 정서로 바뀐다. 그러나 어른이 되면서 우리는 표현해야 할 것과 마음속에 간직해야 할 것을 구분하는 법을 배운다.

우리는 말로 소통할 뿐만 아니라, 감정과 정서로도 직접적으로 소통한다. 이렇게 함으로써 우리는 다른 사람에게서 다시 감정과 정서를 야기한다. 분노와 같은 감정은 바람직하지 않은 방식으로 고조될 수 있으며, 그렇게 되면 더 많은 분노와 완전히 다른 감정까지 생겨날 수 있다. 감정에 의식적으로 대처한다는 것은 발생한 감정을 즉시 정서로 표출하지 않은 채 인지하고 분류한다는 것을 의미한다. 바로 여기에서 많은 사람들이 안고 있는 문제가 시작된다. 어떤 사람은 자신의 감정을 인지하는 법을 잊었다. 말하자면 이 사람은 감각 중추와의 연결 고리를 완전히 상실한 것이다. 또 어떤 사람은 자신의 감정을 평가하고, 즐겁고 바람직한 감정만을 인지한다. 다시 말해 내면적 검열을 가한다. 거슬리는 — 하지만 아주 중요할 수도 있는 — 감정을 무시하고 억누르는 것이다. 그러면 그 감정은 점점 강력해져서 더 이상 조절할 수 없게 되고, 그 사람을 완전히 장악하게 된다. 그런데 당사자는 감정을 마음속에 억누르거나 없애는 자신의 행동이 옳다고 생각한다.

감정과 정신적 고통의 관계

감정은 우리 사회에서 줄곧 등한시되어왔기 때문에 감정 문화가 제대로 발달하지 못했다. 그래서 사람들은 자신의 풍부한 감정에 접근하지 못하는 경우가 많다. 또한 정신적 고통을 야기하는 감정에 어떻게 대처해야 하는지도 모른다. 감정 능력은 발달되면 안 되는 요소였고, 지금도 종종 유아 수준에 머물러 있거나 감상으로 과장되어 묘사되고 있다. 자기감정을 이렇게 무시하면 처음에는 유익한 점도 있다. 말하자면 자기감정을 무시하면 자신의 고통을 인지할 필요가 없어진다. 어떤 사람은 이성적인 사고에서 은신처를 찾으려 하고, 또 어떤 사람은 자기감정보다 다른 사람의 감정과 고통에 열중한다. 그렇게 하면 한편으로는 고상하고 남을 배려하는 것처럼 보이며, 다른 한편으로는 우월감을 느끼게 된다.

정신적 고통과 육체적 고통

정신적 고통과 육체적 고통은 매우 밀접한 관계에 있다. 육체적 고통에는 항상 정신적 요소가 포함되어 있으며, 정신적 고통은 항상 육체적 상태와 결부되어 있다. 그렇기 때문에 자신의 정신적 고통을 지속적으로 묵과하는 사람은 그만큼 더 많은 육체적 고통을 느낀다. 육체적 고통은 일반적으로 더 쉽게 관찰되고, 치료를 받는 것이 마땅하다고 여겨진다. 그래서 정신적 고통이 점점 더 육체적 고통으로 표현되는 것이다. 그런데 이러한 육체적 고통 역시 정보로 인식되지 않고, 퇴치되어야 하는 증상으로 인식되기 때문에, 결국에는 고통이 더욱 강화될 수밖에 없다. 그렇게 되면 정신적 요소와 감정 층위의 고통에 주의를 기울이게 되는 최적의 시점에 이르게 된다.

우리는 왜 상처를 받을까

삶과의 충돌

육체적 상처는 몸이 단단한 물질과 충돌하면서 생긴다. 이를 테면 내가 조심하지 못해서 넘어지거나 무릎이 돌계단의 모서리와 부딪혀 상처를 입을 수 있다. 그런데 넘어지기 전부터 무릎에 이미 상처가 나 있었다면 미리 그 생각을 하고 더 조심할 수 있다. 충돌은 여러 형태로 나타난다. 가령 내 뒤통수로 눈덩이가 날아와 제대로 명중했다고 치자. 눈덩이를 던진 소년은 원래 같이 놀던 다른 친구를 향해 눈덩이를 던진 것인데 나한테 맞은 것이다. 나는 눈덩이를 던진 소년을 돌아보고, 다 같이 한바탕 웃는다. 방사능 물질 역시 내 몸에 충격을 줄 수 있다. 하지만 나는 그 사실을 모를 수도 있다. 방사능은 눈에 보이지 않으니까. 물론 방사능이 내 주위 세계의 일부라는 사실을 알고 있지만 말이다. 또 전기레인지의 뜨거운 열판에 손이 데일 수도 있고, 양파를 자르다가 손가락이 베일 수도 있다. 이 모든 사례에서 물체나 방사능 물질, 또는 뜨거운 열이 내 몸에 상처를 냈다. 그것도 전혀 의도치 않게 말이다.

나는 다른 사람으로 말미암아 상처를 받을 수도 있다. 누군가 나를 싫어해서, 아니면 예전에 안 좋았던 일 때문에 나에게 앙갚음을 하려고, 또는 내 지갑을 훔치려고 나를 한 대 칠 수도 있다. 이렇게 의도적인 공격으로 나를 다치게 할 수도 있고, 실수로 나에게 상처를 입힐 수도 있다. 이를테면 한 행인이 인파에 밀려 내 발을 밟는다. 그는 그저 다른 사람들에게 밀려 내 발을 밟은 것일 뿐이다.

정신적 상처도 마찬가지다. 정신적 상처는 꼭 다른 사람 때문에 생기는 것은 아니다. 내 마음에 들지 않는 어떤 것을 인지하면 그에 상응하는 감정적 반응을 한다. 마음에 들지 않는 불만스러운 감정 때문에 상처를 받은 것이다. 정신적 상처는 꼭 다른 사람에 의해 인지될 수 있는 것만은 아니기 때문에 더욱 복잡하다. 게다가 정신적 상처는 외상이나 흉터도 보이지 않는다. 아마 다른 사람들은 나의 반응을 보고 내게 어떤 상처를 주었다고 유추할 수 있을 것이다. 그런데 흥미로운 것은 나는 내 마음이 얼마나 상했는지를 드러내지 않으려고 노력한다는 것이다. 한편 다른 사람에게는 상처가 될 수도 있는 말인데, 나는 전혀 인식하지 못할 수도 있다. '공격자'가 지닌 특별한 유머가 나에게는 익숙하기 때문이다. 아니면 상대가 하는 말 속에서 내 자존심을 건드리는 부분을 전혀 파악하지 못해서 상처를 아예 인식하지 못하는 것일 수도 있다. 아주 나중에서야 상처를 받았다는 것을 깨닫기도 한다. 또 다른 사람이 내 마음을 상하게 할 의도가 전혀 없었음에도 그 사람의 말이 내게 상처가 될 수도 있다. 물론 그 사람은 아무런 기미도 느끼지 못할 것이다.

능동적인 정신적 상처와 더불어 눈에 보이지 않는 수동적인 정신적 상처도 있다. 이를테면 감사나 칭찬을 받지 못하는 것이 여기에 해당된다. 예를 들어 온갖 노력을 쏟았는데도 기대했던 존중이나 사랑을 보답으로 받지 못하는 사람은 실망하게 된다. 이 경우에도 충돌이 발생한다. 즉, 자기 사신이 만들어놓은 이미지가 있는 그대로의 세상과 충돌하고, 자기가 기대했던 것과 다른 반응을 보이는 주위 사람들과 충돌하게 된다. 그가 잘못 생각한 것이다. 아니면 그를 잘 알고 있다고 생각했던 다른 사람이 그에 대해서 정말로 잘못 알고 있는 것일 수도 있다. 그렇다면 그는 다른 사람이 잘못 알고 있는 대로 그런 사람일까? 그에게 상처를 준 사람은 누구일까?

정신적 상처는 객관적으로 파악될 수 없다. 다시 말해 객관적이지 않기 때문에 ─ 예를 들면 증거 사진이나 의료적 진찰 등으로 입증되기 어렵다. ─ 대부분 간과되고 미화되며, 부정되고 의심스럽게 생각된다. 이 사실을 이상하게 여기는 사람은 없다. 또한 자신에게 유리한 정황을 만들기 위해서 정신적 상처를 과장하거나 거짓으로 꾸며낼 수도 있다. 말하자면 거짓으로 상처를 받은 척하고 이를 조작 수단으로 이용하는 것이다.

고통은 자연의 법칙이다

자신이 바닷속의 단세포생물이 되었다고 생각해보라. 이 작은 생물은 아주 단순하지만 생존을 위해서 완벽히 무장되어 있다. 단세포생물의 감각 체계는 먹이가 충분한 위치에 머무르도록 해준다. 또한 물속 온도가 너무 높거나 너무 낮은 곳을 피하게 한다. 즉, 적절한 환경을 찾게 해주고 이로 말미암아 무사히 살아남도록 한다. 이렇게 단세포생물은 망망대해에서 자신만의 생존 방식을 찾는다.

우리 인간도 마찬가지다. 인간 역시 편안함과 쾌락을 찾으려고 하며 고통은 되도록 피한다. 그런데 고통을 피하지 않고 단세포생물처럼 일종의 정보로 이해할 수도 있다. 그렇게 하면 고통의 경험 방식이 변화한다. 하지만 아직도 많은 사람들이 고통을 느끼려고 하지 않고 자신과는 별개의 것으로 생각하고 있다. 풍요로운 사회, 그리고 정보사회에서 우리가 처한 상황은 예전보다 훨씬 더 복잡해졌다. 우리가 생존에 유리하게 행동하면 자연은 이러한 단순하고 오래된 법칙에 따라 언제나 우리의 생존을 보장해준다. 반면 우리에게 이로운 것이 아니라서 피해야 할 것이 있을 때에는 고통과 불안으로 신호를 준다.

감정이 필요한 이유

그런데 단세포생물에게 없는 것이 하나 있다. 바로 감정이다. 새끼를 낳고 젖을 먹이며 따뜻하게 보호하고 먹이를 주는 등 어미 노릇을 하면서 새끼의 생존을 준비시키는 동물들이 존재한 이후부터 비로소 감정이 추가되었다. 감정은 개체가 다른 존재와의 관계를 규제하는 데 도움이 된다. 최초의 관계는 어미와 새끼 관계일 것이다. 어미는 새끼한테 문제가 없는지, 새끼가 무엇을 원하는지, 어떻게 하면 새끼를 가장 잘 보살필 수 있는지를 감정으로 전달한다. 새끼가 고통스러워하면 어미도 고통스럽다. 또 새끼가 잘 지내면 어미도 행복하고 만족스럽다.

감정은 무리나 집단의 결속을 강화시키기도 한다. 감정은 개체에게 자신이 사랑받고 존중받고 있음을 알려주며, 이때 개체는 행복감을 느낀다. 반면 개체가 사랑받지 못하고 높은 평가를 받지 못할 경우, 자신의 사회적 연대에 문제가 있다는 정보를 감정을 통해 얻는다. 감정은 개체에게 다양한 자극을 부여한다. 이를테면 다른 존재와 더 가까워지거나 더 멀어지도록,

공동체에 더 큰 기여를 하도록, 털을 보호하거나 먹이를 찾을 때, 아니면 무리를 지킬 때 두각을 나타내도록, 더 많은 사랑과 높은 평가를 받도록, 나아가 더 높은 서열을 차지하도록 자극을 준다. 감정은 또한 우리로 하여금 공감과 동정을 갖게 한다. 우리는 감정의 도움으로 우리가 놓칠 수 있는 중요한 인식에 접근할 수 있다. 감정적 인지를 통해 다른 사람과 자기 자신과의 사회적 유대를 통제할 수도 있다. 또한 우리는 보호와 의지할 곳, 즐거움, 사랑을 추구한다. 그것이 우리에게 좋은 감정을 제공하기 때문이다. 반면 우리는 좋지 않은 감정으로 반응하는 모든 것을 피한다. 그것들이 행복감을 주지 않기 때문이다. 또 우리에게 무리한 요구를 하는 사람들과 관계할 때 답답한 감정을 느낀다. 반면 우리를 있는 그대로 받아들이는 사람들을 만나면 즐거운 감정으로 반응한다.

나와 너를 위한 약간의 거리

인간이 서로 너무 가까이 다가가면 상대의 감정을 상하게 하거나 마음을 다치게 할 위험에 빠진다. 다음과 같은 고슴도치 우화를 누가 지어냈는지는 모르겠다. 집이 따로 없는 고슴도치는 겨울 동안 땅속 구덩이와 나뭇잎 더미 속에 몸을 숨기며 지낸다. 모두가 추위에 오들오들 떨면서 홀로 지내던 중, 한 고슴도치가 모두 바짝 붙어서 서로의 몸을 따뜻하게 해주면서 겨

울을 나면 어떨까 하는 생각을 했다. 하지만 그것이 전혀 간단하지 않다는 사실이 금방 드러났다. 고슴도치가 서로를 다치지 않게 하면서 몸을 따뜻하게 유지할 만큼의 간격을 유지하기가 어려웠기 때문이다.

상대와 얼마만큼의 거리가 필요하며 얼마나 가까워야 할까? 내가 상처받지 않기 위한 경계는 어디쯤일까? 이 경계를 어떻게 유지할 수 있을까? 멀고 가까움에 대한 욕구는 개인마다 매우 다르며, 서로 충돌할 수 있다. 어떤 사람은 너무 가까워서 상처를 받는 반면, 어떤 사람은 너무 소원해서 상처를 받는다.

생존경쟁에서 살아남기 위해

지빠귀는 새끼를 먹여 살리기 위해 온갖 애를 쓴다. 새끼를 따뜻하게 해주고 쉴 새 없이 먹이를 찾는다. 여름에 비가 오면서 날씨가 쌀쌀해지면 곤충과 애벌레가 줄어든다. 아빠 지빠귀는 갓 잡은 무당벌레를 둥지로 가지고 온다. 이 무당벌레는 누구에게 돌아갈까? 모든 것은 자연이 결정한다. 말하자면 먹이는 부리를 크게 벌리고 있는 새끼의 입으로 들어간다. 엄마 지빠귀가 물고 온 영양가 높은 애벌레도 마찬가지다. 아빠 지빠귀가 물고 온 긴 지렁이 역시 부리를 크게 벌리고 있는 새끼가 독차지한다. 이런 식으로 적어도 다섯 마리 새끼 중 서너 마리가 목숨을 유지한다. 마지막 다섯 번째 새끼는 쇠약해서 부리를 벌리지도 못하고 형제들에게 치여서 죽게 될 것이다.

둥지 안에서는 생존을 둘러싼 싸움이 벌어진다. 몇몇 맹금류에서는 이러한 싸움이 더욱 두드러지게 나타난다. 어미 새가 알 두 개를 낳는다. 이 알에서 모두 수컷 새끼가 부화하면 이들 사이에서 싸움이 시작되고, 한 마리만 살아남는다. 더 힘센 새가 약한 새를 뾰족한 부리로 괴롭히고 둥지에서 쫓아내는 것이다. 아주 극단적인 경우 살아남은 새가 죽은 형제를 먹어 치우기까지 한다. 아까운 알 하나가 이렇게 버려지는 것은 유감스럽지만 말이다. 이러한 현상을 구약성경에서 동생 아벨을 죽인 카인의 이름을 본떠서 '카이니즘Cainism'이라고 일컫는다.

사람들(특히 형제자매가 없는 외동)은 이러한 현상이 우리 인간과 무슨 관계가 있냐고 물을 수도 있다. 하지만 이 현상은 우리 인간에게 전혀 생소한 것이 아니다. 우리가 살아 있는 것 자체가 이미 경쟁에서 이겼기 때문에 가능한 것이다. 즉, 우리는 무수한 정자와의 경쟁에서 유일하게 살아남았기 때문에 태어날 수 있었다. 자연은 빠르지 못하고 민첩하지 못했던 수많은 다른 정자들을 지키려 하지 않는다.

우리는 한편으로는 사랑과 배려, 보살핌, 이타주의, 다른 한편으로는 경쟁과 쟁탈로 조성되는 긴장 관계 속에서 살고 있다. 우리는 태어나기 직전까지 어머니의 자궁 속에서 이른바 '올인클루시브all inclusive'식 보살핌을 받았다. 형제자매가 있거나, 아니면 놀이터에서 또래 친구들을 마주칠 때면 그들은 우리의 라이벌이 되었다. 물론 그들이 우리의 존재를 인정하지 않거나 우리를 집 밖으로 쫓아내려고 한 것은 아니겠지만, 어쨌든 음식과 장난감, 달콤한 간식을 두고, 특히 사랑과 관심, 애착을 둘러싸고 우리는 경쟁을 벌였다. 형제와의 경쟁 관계에 대한 베른트와 지나의 사례를 보자.

> 베른트 ─ 형은 자기가 모든 것을 다 할 수 있고 나보다 잘났다는 사실을 늘 증명해 보이려고 했어요. 형은 매번 나한테 담력 테스트를 하자면서 싸움을 걸었어요. 그러면 저는 딜레마에 빠졌어요. 싸움을 안 받아들이면 그 자체로 지는 것이고, 나는 아무것도 아닌 존재가 되어버리죠. 그렇다고 싸움을 받아들이자니 당연히 질 것 같다는 생각이 들고요. 어쩌다가 내가 이길 때면 형은 아주 비열하기 그지없었죠. 나 혼자의 힘으로 이긴 것이 아니라면서 저를 완전히 무시해요. …… 형은 언제나 자신과 나를 비교했어요. 지금까지도요.

> 지나 ─ 언니는 저보다 네 살이 많아요. 엄마는 힘든 시기에 언니를 낳았어요. 그래서 당시에 엄마한테는 언니가 큰 부담

이었던 것 같아요. 저는 엄마가 원해서 낳은 자식이라 힘들지 않게 컸어요. 언니는 자신이 냉대받는다고 느꼈고, 그게 전부 저 때문이라고 생각했어요. 언니는 끊임없이 저를 주시하면서 제 결점을 집어냈고, 저의 모든 행동과 저의 존재 자체를 비난했어요. 제가 어떤 일을 잘해내거나 언니보다 뛰어날 때 언니는 저보고 욕심이 많고 독하다고 말했어요. 저는 그저 언니한테 안 지려고 열심히 노력했을 뿐이거든요. 언니는 요즘도 저를 삐딱한 시선으로 봐요.

어떤 관계에서든지 서로 호의적이더라도 당사자는 더 많은 관심과 사랑을 받기 위해 경쟁할 수 있다. 친밀함과 연대감을 향한 동경은 두각을 나타내고 싶은 충동과 마찬가지로 우리 마음속에 늘 존재한다. 우리가 사랑하는 사람, 가까이 다가가고 싶은 사람이더라도 동시에 관심과 애정, 존경을 둘러싼 경쟁에서 우리의 라이벌이 되기도 한다. 비록 그가 우리에게, 또 우리가 그에게 호의적인 마음을 갖고 있지만 말이다. 특히 부모가 피상적으로만 화목한 집안 분위기를 만들려고 하거나 자녀끼리의 경쟁을 조정하기에는 역부족인 가정에서는 아이들이 억압되고 자존심에 상처를 받을 수 있다. 우리가 살면서 마주하게 되는 형제자매와의 이러한 경쟁을 건설적이고 공정한 방향으로 이끄는 것, 이로써 정말로 안전한 가정 분위기를 만드는 것이 우리 문화의 과제일 것이다.

　이러한 두 가지 패턴, 즉 연대감과 경쟁을 분명하게 의식하지 못하고 자신에게 흡수시키지 못한 사람은 남에게 정신적으로 상처를 줄 위험도, 또 자신이 상처받을 위험도 높다. 예를 들어 누군가와 친해지려고 마음을 열었는데 상대는 라이벌 의식을 느끼고 경쟁하려고 할 수 있다. 두 사람이 만나서 서로 알게 되면 한편으로는 마음을 열고, 다른 한편으로는 경쟁의식을 느낀다. 지금 우리는 둘 중 어떤 상태에 있으며, 어떤 원칙에 따라 행동하는지를 분명하게 알고 있을까? 누가 먼저 정신적으로 상처를 받을지는 금방 알 수 있다. 상대도 상처를 받았는지는 모를 일이다. 그런데 여기서 누가 상처를 준 것일까? 마음을 여는 상대에게 해를 입히거나 아픔을 주려는 목적으로 그러한 행위를 악용하는 것만이 의도적으로 상처를 주는 행동이라고 말할 수 있다.

잘못된 배려와 경계

　의식적으로 인지할 수 있는 우리의 능력은 제한되어 있다. 다른 사람보다 더 많이, 그리고 더 세세하게 인지할 수 있는 예민한 사람도 자신의 한계에 금방 도달한다. 인간이 동시에 5~9개 정도의 자극을 의식적으로 받아들일 수 있다는 사실은 이미 수십 년 전에 밝혀진 바 있다. 그 이상의 자극을 동시에 받아들이는 것은 불가능하다. 그렇기 때문에 자기 자신과 타인의 상황을 즉각적으로 인식하고, 상처를 주거나 받지 않을 수 있는 양측의 요구를 올바르게 판단하기란 더욱 어렵다.

쌍방 중 한 사람이 자기 자신, 나아가 자신의 욕구와 이해관계를 묵살하고 상대와 상대의 무탈함에만 집중할 경우 상황은 더욱 복잡해진다. 상대가 보는 앞에서 세상을 자신의 위치에서가 아니라, 오로지 상대의 위치에서만 경험한다면 말이다. 그렇게 되면 상대의 저울 위에 놓인 접시만 채우고, 자신의 접시는 소홀히 할 수밖에 없다.

그는 아마 상대도 그러리라 생각할 것이다. 아니면 자신이 상대를 얼마나 '배려'하는지 알아주기를, 그래서 상대가 자기에게 다가와주기를 기대한다. 하지만 이러한 생각은 상대에게 무리한 요구다. 자기 자신에게 귀를 기울이지 않을수록, 자신의 요구에 신경을 덜 쓸수록 상대의 의도와는 무관하게 자신에게 스스로 상처를 줄 위험이 커진다.

반면 자신에게 중점을 두고 자신만을 느끼는 사람, 말하자면 오로지 자기 자신만 인지하는 사람은 자신을 잘 배려할 수 있지만, 다른 사람에게 주의를 기울이지 못한다. 이런 사람 역시 상대가 자신과 마찬가지로 스스로에게 중점을 두고 스스로를 배려할 것이라고 생각한다. 하지만 정작 상대는 자기 자신의 욕구를 묵살하고 남을 더 배려한다. 이러한 불균형으로 말미암아 저울은 기울어지고 쌍방 모두 정신적으로 상처를 받게 된다. 자기 자신만 생각하는 사람이 자기보다 남을 더 배려하는 상대에게 외면당하면 역시 상처를 받았다고 느낀다.

그렇다고 해서 양측 모두 자기 자신에게 중점을 두지 않고 각각 상대의 위치에서 세상을 인지한다고 더 좋은 것도 아니다. 물론 이렇게 하면 상대를 서로 배려할 수는 있다. 하지만 나와 다른 상대의 욕구를 정확하게 이해할 수 있겠는가? 그래서 상대의 요구를 헤아릴 때 자기 자신의 요구가 개입될 가능성이 있다. 그렇게 되면 상대는 자신의 요구가 너무 쉽게 받아들여졌다고 느끼고, 극단적인 경우 인위적으로 조작되었다고 느끼기 때문에 상처로 이어질 수도 있다.

서로의 사이가 너무 가까울 때, 마음을 너무 많이 열 때, 경계가 잘못 설정되었을 때 주로 정신적 상처를 받게 된다. 상대에 대한 기대와 동경, 희망과 바람이 커질수록 우리는 더 쉽게 상처받는다. 자기 자신과 타인, 그리고 '나와 타인의 사이'를 의식적으로 인지해야 비로소 정신적 상처로부터 자신을 보호할 수 있다.

비극적인 양자택일

우리는 살아가면서 이것 아니면 저것 중 하나만 택할 줄 안다. 이를테면 우리는 서슴없이 상대에게 마음을 터놓는다. 하지만 이로 말미암아 쉽게 상처받는다. 심지어 우리는 마음을 열면 우리를 이용하고 상처를 주는 사람들의 마음을 끌어당길 수 있다고 생각한다. 그런 뒤에 무슨 일이 벌어지는가? 다시 고통스러운 상처를 받은 후 무방비하게 열어놓은 마음의 문을 닫고 자신을 폐쇄시킨다. 그러면 자신을 보호할 수 있을까? 결국 더 큰 상처를 받는다. 마음의 문을 닫음과 동시에 세상에 존재하는 모든 아름다운 것으로부터도 자신을 차단시키기 때문에 더 이상 아름다운 경험도 할 수 없다. 이 세상과 차단되고, 나아가 삶의 에너지와도 단절되게 된다. 이러한 상태는 자기 자신에게도 전혀 이롭지 않다. 양자택일 사이에는 중도의 선택이 있다. 그런데 그 사실을 모르기 때문에 또다시 마음을 무방비하게 열었다가 새롭게 상처를 받는다.

이렇듯 많은 사람들이 둘 다 만족스럽지도 않고 계속해서 새로운 상처만을 초래하는 양극단 사이에서 갈팡질팡한다. 이러한 상황에서 양극단 사이에 존재하는 다양한 중간 지점을 탐색하고, 마음의 문을 얼마나 열어야 하는지를 의식적으로 조절하는 것이 해결책이 될 수 있다. 마치 램프의 밝기를 조절하듯이 말이다. 내가 위험에 빠지지 않으려면 마음을 얼마나 열어야 할까? 내가 상처받거나 마음 상하지 않기 위해 어느 정도로 나를 감추면 충분할까?

당신도 이러한 문제에 직면할 수 있다. 그 경우 당신은 명확하게 서로 구분되는 두 가지 양극 상태를 분명히 알고 있을 것이다. 우리는 이 문제를 새로운 방식으로 대처하는 법을 배울 수 있다.

양자 사이의 간격

발 앞에 약 2~3미터 되는 긴 줄 한 가닥이 놓여 있다고 치자. 아니면 메모지 두 장을 약 2~3미터 간격으로 좌우에 놓고 그 사이에 선이 있다고 생각해도 된다. 메모지나 줄의 양 끝은 '마음 열기'와 '마음 닫기'라는 양극단을 나타낸다.

양쪽 중 한쪽 끝에 서보자. 그쪽은 마음을 완전히 여는 극단적 상태를 대변한다. 어쩌면 이 상태는 당신에게 익숙할 것이다. 또는 어린 시절에 이 상태를 경험했다는 사실이 떠오를 것이다. 자신에게 친숙한 상황을 생각하는 것이 도움이 된다. 그러면 대부분의 사람들은 입가에 미소를 짓고 마음을 활짝 연다.

반대편 끝은 당신이 마음을 완전히 닫은 상태를 대변한다. 어쩌면 이쪽도 당신에게 익숙할지 모른다. 크게 실망을 했거나 다른 정신적 상처를 받았던 때를 떠올리기만 하면 된다. 너무 엄격해서 다가가기 어려운 사람을 생각하는 것도 이 상태를 떠올리는 데 도움이 된다. 이때 당신의 얼굴에 나타나는 반응을 유심히 살펴보자. 당신이 얼굴을 어떻게 찌푸리는지, 또 마음속에서는 어떤 반응이 나타나는지 자각한다. 이렇게 마음을 닫을 때 당신의 근육이 어떻게 긴장되는가? 그때 어떤 생각이 드는가? 이것이 당신의 감정과 신체 상태에 어떤 영향을 미치는가? 이처럼 양극단의 위치에서 자신을 테스트하고, 이때 어떤 작용들이 일어나는지 자각해보자.

마음 열기   마음 닫기

그다음에는 양극단 사이의 다양한 지점을 받아들이고 알아보려고 노력한다. 그리고 이를 위해 충분한 시간을 할애한다. '마음 닫기'에서 '마음 열기' 방향으로 조금만 나아가면 어떨까? 아니면 '마음 닫기' 방향으로 다시 조금 더 움직이면 당신에게 어떤 영향을 미칠까? 양극단 사이의 중간 지점들을 탐색하고, 램프의 밝기를 조절하듯이 이쪽저쪽으로 조금씩 움직여본다.

이후 상처받을 위험이 있는 구체적인 상황에 처할 때 이 조절기를 떠올리고 '마음 열기'와 '마음 닫기' 중 적절한 설정을 한다면 그것으로 충분하다.

(거리와 경계 설정에 대한 주제는 나의 다른 저서인 《나는 단호해지기로 결심했다》에서 깊이 있게 다루었다.)

삶 속에서의 충돌

우리는 유한한 인간의 운명과 죽음이라는 정신적 상처를 피해갈 수 없다. 다시 말해 비애와 상실의 고통은 피할 수 없다. 우리는 이 사실을 잘 알고 있으면서도 살아 있는 존재로서 죽음과 비존재非存在를 전혀 상상하지 못한다. 우리는 이러한 삶의 조건들과 충돌한다. 마치 사형 판결을 받고 감옥에 갇혀 있는 죄수처럼 이러한 조건에 굴복해야 한다는 사실이 우리의 마음을 아프게 한다. 게다가 우리는 죽음의 때가 언제가 될지도 알 수 없다. 죽음 앞에서 우리의 명민함은 한계에 부딪힌다. 우리는 점점 나이를 먹고, 언젠가 죽을 것이라고 생각한다. 젊을 때도 이런 생각을 한다. 그리고 거울을 보기가 점점 두려워진다. 가까운 사람의 죽음이 우리에게 닥치기도 한다. 사랑하는 사람을 떠나보내야 할 수밖에 없다.

우리는 모두 건강하기를 바란다. 그러면서도 자기가 건강하지 않을 수도 있다고 느끼며, 갑자기 전혀 예상치 못한 의학적 진단을 받을 수도 있다. 또한 우리는 모든 질병이 치유될 수 있다는 소원을 품고 있다. 하지만 우리는 질병을 받아들이고 감수하며 살아야 한다.

자연의 힘은 막강하다. 자연이 야기하는 재앙은 우리를 짓밟고 우리의 희망과 소원을 파괴할 수 있다. 전쟁과 폭력, 억압과 폭압도 마찬가지다. 이러한 집단적인 상처와 개인적인 상처 사이에는 한 가지 차이점이 있다. 즉, 집단적인 상처는 혼자만 받는 것이 아니다. 고통을 함께 겪는 동지들이 존재한다. 우리는 이 동지들과 고통과 슬픔을 나누고, 서로 의지하고 도우며 저항한다. 하지만 여기에서도 충돌하는 것이 있다. 우리의 소원과 희망, 기대가 우리보다 더 막강한 현재의 상황과 충돌한다.

마찬가지로 우리의 생각이 경제 권력, 국가 권력, 제도 또는 위계질서와 충돌할 수 있다. 어쩌면 우리는 이런 상황을 완전히, 또는 그때그때 거부할 수 있을지도 모른다. 하지만 우리가 이러한 상황을 받아들이지 않을수록 상처받을 위험은 그만큼 커진다. 여기서 받아들인다는 것은 환영하거나 인정한다는 의미가 아니다. 우리가 주어진 상황을 주시하고 예측해야 한다는 의미일 뿐이다.

사방에서 몰아치는 타격

사람들은 항상 똑같은 부류의 사람들로부터 반복적으로 정신적 상처를 받는다고 불만을 토로한다. 가끔은 '그 사람'들이 정말로 우리에게 못되게 굴었을 수도 있고, 어쩌면 우리가 편협하게 문제에 접근하는 것일 수도 있다. 이를테면 '그 남자들', '그 여자들', '그 젊은이들', '그 사회' 등 '그'라는 제한을 붙여서 말이다. 우리가 상처받은 것에 대한 책임을 그들 모두에게 전가한다. 예를 들어 실패, 외로움, 무미건조한 삶 등에 대한 책임이 그들에게 있다고 생각한다.

여기에서도 충돌이 일어난다. 충돌은 사실과 부합하지 않는 비현실적인 기대, 우리에게 부과된 부담스러운 이미지 때문에 생긴다. 우리가 실패의 가능성을 인생 설계에 포함시키지 않는다면, 우리는 실망에도 대비해야 한다. 반면에 충돌이 더 이상 일어나지 않는다면 삶을 그대로 수용할 수밖에 없는데, 그렇게 되면 결국 더 큰 고통이 우리를 기다린다.

타인이 가까이 다가올수록 상처는 더 깊어진다

우리는 자기보다 지위가 높은 사람에게 받은 상처를 자신과 동등하거나 지위가 낮은 사람에게 받은 상처보다 더 중요하게 생각한다. 지위는 무엇보다도 우리 자신의 판단과 관계가 있다. 이를테면 나는 저 사람을 높이 평가하는가, 또는 존경하고 사랑하는가? 자신에게 중요한 사람일수록 받는 상처는 더 커질 수 있다. 자신 역시 그 사람에게 중요한 존재이기를 바란다. 그 사람에게 상처를 받으면 내가 그에게 품고 있던 높은 평가와 그가 나에게 가지고 있는 낮은 가치가 충돌하게 된다. 나에게 별로 중요하지 않은 사람은 나에게 큰 타격을 주지 않는다. 나는 상대가 하는 행동을 보고 내가 그에게 애초에 가지고 있던 이미지만을 재확인할 뿐이다.

사회적 범위 또한 중요한 역할을 한다. 이를테면 단둘이 있는

지리에서 모욕을 당할 때보다 여러 사람이 있는 가운데 모욕을 당할 때 상처의 강도는 훨씬 세진다. 혼자서 여러 사람을 상대하고 있다는 느낌을 주는 상황, 다시 말해 내 편을 들어줄 사람이 아무도 없는 상황에서 모욕을 당하면 훨씬 더 강한 타격을 받을 수 있다. 부당함을 참지 못하는 미하엘 콜하스Michael Kohlhass(하인리히 폰 클라이스트의 중편소설 《미하엘 콜하스》에 등장하는 주인공—옮긴이)처럼 우리 자신이 상처를 받았다는 사실을 어떻게든지 확인할 수 있는 것이 아니라면 말이다.

여러 사람 앞에서 상처를 받으면 그 효력이 강화될 수도 있고, 둔감하게 느껴질 수도 있다. 이를 결정하는 것은 공격자가 다수의 무리 안에서 탄탄한 지위를 가지고 있는지, 그의 입지를 내세울 수 있는지의 여부다. 만약 그렇지 못하다면 공격자는 자신이 혼자라고 느낄 뿐만 아니라, 힘이 없고 의지할 데가 없다고 느낀다. 공격자가 스스로 적극적으로 행동하지 않으면 그는 피해자가 될 가능성이 높아진다.

우리에게 상처를 주는 사람은 대부분 아주 가까이에 있는 사람들이다. 그렇기 때문에 그들은 우리의 민감한 부분을 잘 알고 있고, 어디를 어떻게 찔러야 하는지를 정확히 알고 있다. 자신의 희생양이 개인적으로 참을 수 있는 한계를 이미 넘어섰다는 사실을 알면서도 다른 사람은 눈치채지 못할 정도로 교묘하게 공격하는 사람이라면 고수라고 볼 수 있다. 이 정도의 공격에 발끈하는 사람은 종종 편협하거나 예민한 사람이라는 평을 듣고 부당한 대우를 받는 경우가 많다.

> 힐데가르트 ― 저는 늘 제게 '그녀는 너의 언니야.'라고 되뇌었어요. 그리고 자매로서 언니에게 마음을 열려고 노력했어요. 저는 이것을 아주 간절히 원했었죠. 제 친한 친구도 자기 언니들에게 그렇게 하거든요. 그런데 제가 마음을 열어도 소용없어요. 언니는 항상 어떻게 하면 나에게 큰 상처를 줄 수 있는지를 훤히 꿰뚫었어요. 그래서 다른 사람들이 눈치채지 못하고 저만 알아듣게 넌지시 비꼬는 말을 하곤 했죠.

우리는 언제 가장 깊이 상처받는가

예상치 못하는 상처는 대비할 수 없다. 반면 이미 긴장 관계가 조성되어 있는 상황이라면 상처에 잘 대비할 수 있다. 나아가 다음에 받을 고통을 미리 예상할 때도 가끔 있다. 하지만 모든 공격이 ― 비록 그렇게 보일지라도 ― 상처를 줄 의도를 갖고 있는 것은 아니다. 특히 말장난이나 사소한 도발 같은 경우가 그렇다. 힘겨루기를 해보자는 뜻에서 말장난을 걸거나 사소한 도발을 하는 것임을 이해하지 못하는 사람은 상처를 받았다고 느낄 수 있다. 어쩌면 상대는 그저 자신의 재치나 유머를 증명해보이고자 말장난이나 사소한 도발을 하는 것일 수도 있다. 말하자면 상대는 나에게 같이 말장난을 하자고 초대하는 것이며, 게다가 아무한테나 이런 초대장을 남발하지 않는다. 웃으며 말장난을 하자는 사람한테 싸우자고 득달같이 덤비는 사람에게는 필요한 만큼의 '편안한 긴장감'이 결여되어 있다. 편안한 긴장 상태에서 자신의 재치를 맘껏 표출하면서 상대의 말장난을 적절히 되받아칠 수 있을 텐데 말이다.

반면 의도된 공격과 상처는 이와 완전히 다르다. "슬슬 기분이 언짢아지고 있군. 저 말 속에 분명히 저의가 있어!" 우리가 약세라고 느끼거나 불안정한 위치에 있을 때 공격의 강도는 더욱 높게 느껴진다. 어디를 공격받을 것인가? 바로 우리의 가장 약한 부분이다! 게다가 우리는 우리가 약세일 때 더욱 민감하게 반응한다. 이때에는 상처가 더욱 깊다. 우리는 함께 연대하기를 원하지만, 아주 가까이에 있는 사람들조차 우리에게 등을 돌릴 수 있다.

가정적으로 문제가 있는 교사가 상처를 받은 상태에서 교단에 선다면 학생들에게까지 좋지 않은 영향을 미치게 된다. 또 직장에서 안 좋은 소리를 들은 부모는 집에서 아이들과 배우자로부터 이상한 눈초리를, 나아가 더 심한 비난을 받을 수도 있다. 아이들은 자기가 원하는 것을 손에 넣기 위해 부모가 내비치는 순간적인 약점을 이용한다. 물론 아이들이 항상 치밀하게 머리를 짜서 계산하거나 악의가 있어서 그러는 것은 아니다. 하지만 아이들은 부모의 약점을 통해 이 상황에서 조금만 더 나아가보자는 도전을 무의식적으로 하고 있다.

자연 속에서 자기보다 강한 상대를 공격하는 것은 의미 없는 일이다. 공격자는 패배를 예상하고 공격하지 않기 때문이다. 그래서 약자는 자기보다 강한 자와 오히려 잘 지내려고 하고, 강자의 심기를 건드리려고 하지 않는다. 힘겨루기나 서열을 정할 때 도전을 받는 동물은 오직 힘이 비슷하거나 더 약한 동물이다. 상대의 에너지 상태를 가늠하는 일종의 감수성은 분명히 존재한다. 인간에게도 마찬가지다. 하지만 이러한 감각이 어떻게 개별적으로 작용하는지는 좀 더 지켜봐야 한다. 몸의 자세와 근육의 긴장, 얼굴빛 등 무수한 관찰을 통합하여 이러한 감각을 작용시키는 것일 수도 있고, 아니면 무의식적으로 인지하는 것일 수도 있다. 이러한 오랜 반응 방식은 분명히 우리 인간들 속에서 여전히 작용하고 있다. 하지만 대부분의 사람들은 이 사실을 의식하고 있지 못하며, 이러한 반응 방식을 도덕적으로 비난할 수도 없다.

그런데 상처받은 사람과 약한 사람은 약점이 드러난 상황에서 특별히 조심하거나 다친 동물처럼 숨어버린다. 또 자신이 약하다고 느낄 때 주변 사람들에게 자신을 배려해달라고 부탁하거나 도움을 요청할 수도 있다. 연대감과 배려, 보살핌은 우리 인간의 유산이기 때문이다.

가정적으로 문제가 있는 한 여교사가 감정이 예민하니 조용하게 수업을 하자고 학생들에게 부탁했다. 이 여교사는 다루기 쉽지 않은 거친 남학생들의 기사도 정신에 호소했고, 이러한 호소는 성공적이었다. 그 외에도 그녀는 자신의 약점을 보여줌으로써 또 다른 층위에 여전히 존재했던 자신의 용기와 강함을 증명해보였다.

상처의 방향

우리가 경쟁자에게서 상처를 받을 수 있다는 사실은 분명하다. 팔씨름을 할 때에도 권투 경기처럼 공정함의 규칙이 존재한다. 팔씨름을 할 때 우리는 당연히 서로에게 공정함을 기대한다. 하지만 팔씨름에서는 공정함의 한계가 순식간에 사라진다. 권투와 달리 팔씨름에는 심판이 없다. 또 등 뒤에서 무슨 일이 벌어지는지도 보지 못한다. 다시 말해서 우리에게 적극적으로 상처 주는 사람이 없는데도 상대의 성공만으로 우리는 상처를 받을 수 있다. 상대가 성공했다는 사실만으로도 상처받는 존재가 바로 우리 인간이다.

강자와 권력자는 자기보다 성공하지 못한 사람들을 전혀 배려하지 않음으로써 상처를 줄 수 있다. 많은 사람들이 상사의 지시를 따라야 한다는 사실만으로도 자신이 무시당한다고 느낀다. 여기서 상처를 주는 사람은 누구인가? 자신의 직업적 지위를 받아들이고 수행하는 사람인가? 아니면 이러한 상황을 상처받았다고 느끼는 사람인가?

사자는 가장 어리거나 가장 약한 사슴, 아니면 다친 사슴을 노린다. 또 무리에서 가장 멀리 떨어져 있는 사슴을 노린다. 서열 다툼을 할 때에는 자기보다 약한 상대를 공격할 때에만 성공을 기대할 수 있다. 자연에서 권력은 강자로부터 나오며 약자에게 작용된다. 권력 역시 중력의 법칙을 따른다. 다시 말해 권력은 위에서 아래로 작용한다. 이는 정신적 상처에도 해당된다. 정신적 상처를 유발하는 사람은 공공연히 자신을 드러낼 여력이 있는 사람이다. 강자가 사회적 책임을 지는 법을 제대로 배우지 못할수록 쓸데없는 자만심에서 다른 사람을 더욱 공격하게 된다.

은밀한 익명의 상처는 완전히 다른 맥락 안에 들어 있다. 자기가 당한 상처를 다른 사람에게 전가하는 것보다 간단한 일은 없다. 상처는 그 상처의 시발점으로 되돌아가는 경우가 드물다. 다시 말해 강자와 권력자에게 도전하여 불평등한 싸움을 걸지 않는다. 그러므로 다른 사람에게 상처를 주는 사람은 이미 다른 사람들로부터 상처받은 사람인 경우가 흔하며, 이렇게 상처를 전가하는 방식으로 마음의 짐을 덜고자 한다.

약자는 강자에게 공공연하게 정신적으로 상처를 입힐 능력이 없다. 그러므로 약자의 공격은 은밀하게 다가오는 경우가 많다. 약자는 남에게 상처를 줄 때 전면에 모습을 드러내지 않으며, 비방이나 험담을 하거나 소문을 퍼뜨릴 때처럼 분명하거나 구체적이지 않다. 인터넷은 비방을 일삼는 자들에게 광활한 활동 영역이다.

자기 자신에게 스스로 상처 주기

많은 사람들이 자기 자신에게 스스로 상처를 주는 행동을 한다. 마치 자기가 자신의 적이라도 되듯이 말이다. 자기가 자신의 적이 되면 외부의 여러 적보다도 더 위험해질 수 있다. 내면의 공격자로부터는 쉽게 벗어날 수 없기 때문이다. 내면의 공격자는 우리 마음속의 모든 움직임을 알고 있기 때문에 그만큼 더 정확하게 가격할 수 있다.

자신에게 상처 주는 행동을 하는 사람은 자기가 그렇게 하고 있다는 사실을 모르는 경우가 많다. 그는 주로 다른 사람의 평가를 받아들이며, 스스로를 상처 주는 자신의 행동을 습관이라고 생각한다. 자기가 직접 경험하고 봐왔기 때문이다. 자신을 괴롭힌 사람들처럼 느끼고 생각하는 것이 괴로움을 견디는 유일한 방법이었다. 굴욕을 당한 사람은 종종 실제 자신과는 다른 반대 이미지를 발전시킨다. 그렇게 하면 자기가 당하는 일에 굴복하지 않아도 된다. 그런데 이러한 반대 이미지와 자신의 실제 모습이 충돌할 경우 한쪽이 다른 쪽을 없애버리려고 한다. 이때 모든 공격과 타격이 자기 자신을 향하게 된다. 이보다 더 나쁜 것은 외부에서 들어오는 모든 정신적 상처가 이러한 내면의 갈등을 점점 더 부추기고, 이러한 방식으로 상처를 두 배로 받는다는 사실이다.

자기 자신을 정중하게 대하기

당신이 이 경우에 해당된다면, 당신은 지금까지 자기 자신에게 상처 주는 행동을 해온 것이다. 이제부터는 혼자 있을 때 당신이 하는 모든 혼잣말을 큰 소리로 말할 것을 추천한다. 그렇게 하면 한편으로는 당신이 감수해야 하는 것이 무엇인지 알게 되고, 다른 한편으로는 그것이 당신에게 어떤 영향을 미치는지 인식할 수 있다. 자기 자신에게 상처를 주고 자신감을 빼앗으면 무력해진다. 이 상태에서 당신은 잘못된 평가를 받기 쉽고, 당신의 노력이 물거품이 될 수 있다. 그러면 예전처럼 또다시 상처를 받게 되고, 자기 자신에게 상처 주는 행동을 하게 된다.

혼잣말을 할 때 처음부터 끝까지 자신에게 높임말을 사용한다면 이러한 악순환을 훨씬 쉽게 끊을 수 있다. 이렇게 하는 것만으로도 이미 당신은 자기 자신을 의식적으로 대하게 되며, 나아가 오래도록 되풀이된 습관을 무력하게 만들 수 있다. '너는

참 멍청해!'라는 말이 익숙하게 들리는 반면, '당신은 참 멍청하십니다!'라는 말은 어딘지 모르게 어울리지 않고 낯설게 들릴 것이다.

불과 몇 주만 지나도 당신은 자기 자신을 정중하게 대하는 습관이 몸에 밸 것이다. 이를 통해 당신은 내면의 분위기를 확실히 개선할 수 있다.

정신적 상처는 언제 더 깊어지는가

정신적 상처는 집단 따돌림으로 이어질 수 있다. 그 이유는 주로 대인 관계가 명확하지 못한 데에 있다. 이를테면 부모와 교사, 상사가 자신의 직책을 수행하는 것을 망설이거나 일관성을 가지고 자기 뜻을 분명하게 밝히는 것을 두려워하기 때문이다. 여기서 주로 문제가 되는 것은 갈등에 대한 두려움이다. 즉, 갈등이 존재하면 자기가 다른 누군가를 다치게 할 수 있기 때문이다. 이러한 약점은 자기 자신에게 지나친 도덕적 요구를 부과해서 생긴 결과일 수 있다. 이들은 자신의 지위에 근거한 힘을 행사하는 것을 두려워한다. 그런데 권력이라는 주제에서는 빈틈을 두어서는 안 된다. 권력은 아주 자연스럽게 강자의 몫이 된다. 물론 권력을 건설적으로 사용하고 전체의 번영을 위해, 나아가 힘없는 사람들을 위해 배려한다는 전제하에서 말이다.

부모나 교사가 그들의 지위를 지키지 않는다면, 이 빈자리는 아이들의 차지가 된다. 그렇게 되면 대부분 서로에게 상처를 주는 싸움을 하게 된다. 청소년기의 아이들은 이 빈자리를 책임감 있게 수행할 능력을 아직 갖추고 있지 못하다. 그래서 대개 더 나이 많고 힘센 아이가 더 어리고 약한 아이에게 힘을 행사한다. 이때 공공연히 힘을 행사하는 것이 아니라, 교육 담당자가 없는 곳에서만 은밀하게 마음껏 힘자랑을 한다. 그러면 겉으로는 아무 일 없는 것처럼 보인다.

이러한 현상은 학급에서 두드러지게 나타난다. 교사의 힘이 약할 경우 제일 뒷자리에 앉아 있는 학생들이 분위기를 주도한다. 그 결과 지속적으로 규칙을 위반하는 학습 분위기가 조성되며, 교사는 끊임없이 학생의 공격을 받는다. 교사는 통상적으로 이러한 공격을 막아보려고 하지만, 결국 자신의 약점을 또다시 드러내 보일 뿐이다. 이러한 분위기는 힘이 약한 학생들에게까지 작용한다. 이 학생들은 반에서 힘센 학생들의 공격 표적이 되기 쉽다. 힘센 학생들의 지배력은 일부 학우들을 궁지에 몰아넣거나 괴롭히고, 결국 따돌림을 당하게 만들 수 있다.

인간이 집단의 일부일 때보다 독립된 개인이 되었을 때 더 의식적이고 책임감 있게 행동한다는 사실은 잘 알려져 있다. 다른 사람을 희생자로 만들려는 욕구를 가지고 있지 않은 사람도 '무리'의 한 부분이 되면 분위기에 쉽게 이끌릴 수 있다. 게다가 동참하지 않으면 자기가 희생양이 될 수도 있다는 두려움이 생길 수도 있다.

집단 따돌림 현상도 마찬가지다. 집단 따돌림의 경우에도 우두머리의 지휘 능력이 약하다는 사실이 전제 조건이 된다. 게다가 성과와 적응에 대한 압박감이 매우 클 경우, 이러한 과도한 압박감을 자기보다 능력이 떨어지거나 잘 적응하지 못하는 사람에게, 아니면 이미 무리의 변두리로 쫓겨나 동참하지 못하는 다른 사람에게 전가함으로써 자신의 부담을 경감하려고 한다.

대개 집단 따돌림의 피해자는 이미 아동기 때부터 시작된 오랜 정신적 상처의 역사를 가지고 있다. 비슷한 일이 또다시 반복될 수도 있다는 두려움이 그들을 다른 사람들과 다르게 행동하도록 만든다. 예를 들면 심하게 긴장하거나 비굴하게 굽실거린다. 결국 그들은 또다시 아웃사이더가 되어 상처를 받고 따돌림을 당한다. 자신이 반복적으로 집단 따돌림을 당한다고 느끼는 사람은 문제를 해결하기 위해 이 사실을 되도록 빨리 상사에게 이야기해야 한다. 그렇게 해도 아무런 효과가 없다면 합법적인 모든 수단을 동원하거나 직장을 옮기는 것 외에는 방법이 없다. 이 책에서 제시하는 자가 치유법이 집단 따돌림의 후유증을 이겨내기 위한 중요한 초석이기는 하지만, 집단 따돌림과 결부되어 있는 일종의 트라우마를 완전히 극복하기에는 충분하지 않다. 집단 따돌림의 피해자는 대부분 그에 해당하는 심리 치료를 받아야만 보다 정밀한 치유가 가능하다.

상처를 주는 사람과의 재회

앞서 언급한 힐데가르트와 언니의 관계는 어릴 때부터 비방과 상처로 얼룩져 있었다. 하지만 힐데가르트가 언니와의 만남이 어떤 패턴에 따라 이루어지는지를 깨달은 후에는 자신이 언니와의 만남을 피할 수도 없고, 피하려고 하지도 않는다는 사실을 분명히 알게 되었다. 언니와 연락을 끊는 것은 그저 망상에 불과한 일이었다. 언니는 가족의 일원이고, 언니 역시 마음속에 동생에 대해 어떤 의미에서 '정', 또는 '인지 방식'을 가지고 있었다. 그래서 동생이 어떻게 반응할지도 미리 알고 있었다. 힐데가르트는 자신이 원하든 원치 않든 언니와 어떤 식으로든 연결되어 있었다.

그렇다면 힐데가르트는 어떻게 해야 할까? 힐데가르트는 언니 앞에서 정신을 바짝 차리고 공간적으로 언니와 거리감을 유지할 수 있다. 또 언니와 어느 정도의 거리감을 유지해야 하는지, 그리고 사태를 악화시키지 않고 그 상황에서 얼마나 오래 버틸 수 있는지를 깊이 생각할 수 있다. 이때 자신의 경험치를 끌어다 이용할 수 있다. 그녀는 언니에 대해 과도한 부담을 느끼고 싶지 않을 것이다. 이때 언니가 더 이상 넘지 말았으면 하는 내용상의 한계가 어디인지 인지하는 것도 중요하다.

힐데가르트에게는 언니에게 마음을 열고 모든 것을 이야기하고 싶은 유혹이 항상 있었다. 언니가 자신을 이해해주기를 원했기 때문이다. 하지만 친밀해진 분위기 속에서 언니에게 모든 것을 다 털어놓으면, 언니는 무기를 충분히 장전하고는 공격을 퍼붓기 시작했다. 힐데가르트는 이제 더 이상 이러한 패턴을 허용하고 싶지 않았다. 그녀는 새로운 접근 방식을 찾기 시작했다. 얼마나 마음을 열어야 하고, 얼마나 거리감을 유지해야 하는지 새로운 척도를 찾기 시작했다.

의식적으로 대비하기

과거에 당신에게 상처 준 사람을 다시 만날 예정이라면 이에 대비를 해야 한다. 자기 자신에게 다음과 같은 질문을 해보라.

- □ 당신에게 과거에 이미 여러 번 상처를 준 사람이 당신에게 얼마만큼만 다가오면 좋겠는가?
- □ 얼마나 오랫동안 그 사람과 아무 문제없이, 또는 기분 좋게 보낼 수 있겠는가?
- □ 그 사람과 이야기하고 싶지 않은 주제는 무엇인가? 반대로 어떤 주제에 대해 이야기하는 것이 당신에게 흥미롭겠는가?
- □ 그 사람과 어떤 방식으로 소통하면 좋겠는가?

먼저 위의 질문들에 대해 명확하게 생각해보길 바란다. 당신의 생각이 명확해지면, 구체적인 어떤 상황에 처하더라도 한계에 부딪히거나 상처받지 않고 자신의 영향력을 발휘할 수 있을 것이다.

정신적 고통

가슴으로 스며든

　아이가 넘어져서 통증을 느끼면 처음에는 잠깐 가만히 있다가 이내 당황하고 놀라기 시작한다. 아이가 자신의 고통을 인지하고 울음을 터뜨리기까지는 약 1~2초가 필요하다. 그보다 더 오래 걸릴 때도 있다. 아이는 큰 소리로 부모를 찾는다. 부모나 다른 어른, 아니면 나이가 좀 더 많은 아이들이 넘어진 아이에게 다가가 일으켜 세워준다. 그들은 아이의 상처를 확인하고, 필요할 경우 응급 조치를 하고 상처를 치료해준다. 무엇보다도 아이는 이 사람들을 신체적으로 감지할 수 있다. 아이는 그들이 앞에 있다는 사실을 통해 보호받는다고 느낀다.

　인류 역사 초기에 아이는 공격의 대상이 되었고 다른 피조물의 먹잇감이 되기 쉬웠다. 특히 상처를 입었을 때는 더욱 그러했다. 아이는 약한 존재다. 아이의 유일한 생존 전략은 주의를 끌고 다른 사람들에게 자신이 포착되도록 하는 것이다. 아이는 다른 사람들의 보호를 받으며 안전함을 느끼고 편안한 마음을 갖는다. 아이는 자신의 고통을 혼자 감당하지 않는다. 처음에는 조금 울 수도 있겠지만, 점차 울음을 그치면서 흐느낌이 약해진다. 다친 무릎이 계속 아프긴 하겠지만 고통은 점차 사라진다.

상처를 입는 순간에 아이의 세상은 순식간에 다친 무릎이라는 작은 영역으로 축소된다. 아이의 모든 인지가 무릎의 통증으로 집중된다. 아이는 자기 자신을 이 영역에서만 감지한다. 아이에게는 오로지 이 통증만 존재한다. 바로 옆에 있는 엄마나 다른 친밀한 사람의 따뜻함과 평온함, 그들의 에너지는 아이의 상태가 그들의 상태에 동화되게끔 해준다. 아이의 호흡이 점점 깊어지고, 심장박동은 점점 차분해지며, 근육의 긴장이 풀린다. 다친 순간에 경련성으로 수축되었던 아이의 흉부는 다시 확장된다. 국한되었던 아이의 인지력 또한 차차 정상으로 돌아온다. 이제 아이는 다친 무릎 말고 다른 것을 다시 느낄 수 있다. 예를 들면 엄마가 자신을 사랑스럽게 팔에 안고 있다는 사실을 느낀다. 아이는 엄마의 친숙한 목소리를 듣고 점점 긴장이 풀린다. 이제 곧 다시 뛰놀 수 있고, 이 세상과 세상의 자극에 새롭게 주의를 기울일 수 있다.

상처와 고통을 겪으면서 그 순간 아이에게는 변화가 일어났다. 세상이 한순간에 무너진 것이다. 이 세상은 더 이상 아이가 아무 걱정 없이 마당을 뛰어다닐 수 있는 세상이 아니다. 아이는 자기 몸이 부딪힐 수 있는 장애물이 있다는 사실을 인식하게 되었다. 또 고통이라는 것이 존재하고, 다행스럽게도 자신을 도와줄 사람, 자신의 세계를 다시 세워줄 사람이 있다는 것도 경험했다. 이 사람들의 존재, 그들의 평온함과 뒷받침 덕분에 아이는 고통을 잘 참아내고, 고통을 겪은 후에 그 고통을 다시 놓아주게 된다.

또한 정신적 상처를 받은 후에도 아이에게 이 세상은 완전히 달라진다. 아이가 세상을 구분하는 단순한 기준, 즉 '유쾌함'과 '불쾌함', '좋음'과 '나쁨'이라는 기준이 좀 더 세분화된다. 아이는 평소에 모래 놀이를 즐겁게 같이하던 친구가 항상 상냥하게 굴지만은 않는다는 사실, 또 둘 사이가 아주 좋아도 관심사의 차이와 한계가 있다는 사실을 경험한다. 이를테면 아이가 친구의 삽에 손을 대면, 친구는 화를 내고 삽으로 때린다. 조금 전에 아이에게 초콜릿을 주고 간 이모는 고개를 좌우로 흔들면서 먹다 남은 초콜릿을 빼앗아 통 안에 넣는다. 평소에는 아주 상냥하던 형들이 자기를 때린 친구와 함께 놀지 못하도록 하고 그 친구를 쫓아낸다. 아이는 한계에 부딪히고, 모든 충돌은 아이가 지닌 세상에 대한 이미지를 변화시킨다. 아이의 판단은 점점 더

섬세해진다. 그리고 있는 그대로의 저 바깥세상에 점점 더 다가
간다. 세상과의 소통이 일어나고, 세상은 자기가 가야 할 길을
찾으려는 아이의 시도에 반응한다. 아이의 성공과 실패는 기쁨
과 고통으로 화답한다.

스트레스에 대한 반응

인간이 위협을 받거나 물리적 공격을 받으면 스트레스 상태
에 빠진다. 우리 몸은 스트레스에 자동적으로 반응한다. 자연은
이렇게 인류의 선조들이 야생 속에서 살아남기 위한 보호 장치
를 마련해놓았다. 스트레스를 느낄 때 아드레날린이 더 많이 방
출되고 근육 긴장도가 높아지며, 우리의 인지와 사고에도 변화
가 생긴다. 인지의 초점은 오로지 우리를 위협하는 것만을 향
한다. 이 순간에는 다른 모든 자극들이 중요하지 않으며 눈에
들어오지 않는다. 우리의 뇌는 거의 작동이 멈추고, 그 순간 우
리가 알고 있는 지식으로의 접근이 아무런 역할을 하지 못한
다. 오로지 위협 속에서 살아남는 것만이 중요하다. 우리의 판
단 능력은 공격이나 도주, 죽은 체하기 등에 국한되며, 이러한
판단조차 의도적으로 하지 못한다. 그렇게 하기에는 우리가 너
무 느리다. 우리가 판단하는 것이 아니라, 판단이 우리를 떠맡

는 것이다. 다른 말로 표현하자면, 우리는 스트레스 상태에 빠지면 오로지 목숨을 지키는 것이 중요했던 석기시대식 생존 투쟁을 위해 가장 탁월하게 몸을 무장한다. 그런데 이러한 유전적 유산이 문명화된 복잡한 환경에서 사는 오늘날의 우리에게는 오히려 방해와 부담이 되어버렸다.

정신적 상처로 받는 스트레스

모든 신체적 공격과 신체적 상처는 동시에 정신적 상처가 되기도 한다. 우리는 위험과 패배가 없는 삶을 바라며, 무탈하고 건강하기를 바란다. 물리적 충돌이 발생하면 우리는 전인全人(지성, 감성, 의지를 균형 있게 갖춘 사람)으로서 우리의 사고와 감정, 그리고 몸으로 이에 반응한다. 정신적 상처가 작용하는 범위도 마찬가지로 결코 감정에만 국한되어 있지 않다. 정신적 상처를 받으면 감정적 변화와 동시에 신체적 상태와 사고 양상도 달라진다. 그리고 달라진 사고방식은 다시 감정과 신체 상태에 영향을 미친다. 이 사실을 유념하지 않는다면 우리는 자신의 고통 주변을 계속해서 맴돌며, 이로 말미암아 끊임없이 고통을 재생산하게 된다.

몇몇 영혼의 상처들은 소리 없이 은밀하게 다가오기 때문에 거의 파악할 수 없다. 반면 어떤 영혼의 상처는 얼굴을 한 대 언어맞은 것처럼 갑작스럽고 직접적으로 가격한다. 우리가 공격당하고 정신적 상처를 받았다고 느끼는 순간 석기시대식의 스트레스 반응이 유발될 수 있다. 이러한 스트레스 반응이 우리의 몸과 인지, 사고에 온갖 영향을 미친다. 다시 말해 자신이 받은 상처와 고통만 보이게 된다. 마음을 가라앉히는 데 도움이 되는 주변 상황을 더 이상 인식하지 못한다. 또 상처와 고통을 받은 데에는 자기 자신도 한몫했을 수 있다는 생각도 거의 하지 못한다. 평정심을 잃고, 인지나 사고도 사태를 분별하는 데에 아무 도움이 되지 못한다. 말하자면 우리는 흑과 백만을 보며, 다른 사람을 친구 아니면 적으로만 간주하고, 타인과 타인의 행동을 선 또는 악으로만 판단한다. 이러한 식의 인지와 사고는 원인을 규명하기보다는 오로지 죄 있는 사람이 누구인지만을 추궁하는 셈이다. 이러한 상황에 처하면 우리는 대인 관계 문제를 해결할 능력을 전혀 발휘하지 못한다. 상대를 공격해야 할까, 아니면 상처 입은 채로 물러나야 할까? 아니면 그냥 죽은 척해야 할까?

그런데 영혼이 상처를 받을 때 우리에게 또 다른 현상이 벌어진다. 즉, 우리는 긴장감과 에너지를 우리 몸에 충전한다. 이러한 긴장감과 에너지는 공격을 당하는 순간 방어할 수 있게끔 분출될 수도 있고, 모든 힘을 빼앗아버리는 무거운 짐이 되어 계속해서 우리를 짓누를 수도 있다. 모두가 이러한 긴장감과 에너지를 건설적인 방향으로 이끌지는 못한다. 긴장감과 에너지를 제대로 활용하고 제어하기 위해서는 주의를 기울이고 노력을 해야 한다. 그렇지 않으면 상처 준 상대를 향해 공격적으로 분출할 수 있다. 아니면 자신도 모르는 사이에 아무 상관도 없는 사람이나 약자, 또는 자기 자신을 향해 분출할 수도 있다.

우리에게 상처를 입힌 사람 역시 스트레스 상태에 처하는 경우가 흔하다. 그러면 우리는 옛 네안데르탈인과 같은 모습의 자신을 마주하게 된다. 다만 다른 점은 우리가 통상적으로 물리적인 격투를 벌이지 않는다는 것이다. 갈등은 다른 곳에서 더 심화될 수 있으며, 양쪽 모두 자신의 스트레스를 없앤 후에야 비로소 해소될 수 있다.

보이지는 않지만 느껴진다

정신적 상처에 대한 반응은 신체적 상처를 입었을 때와 흡사한 과정을 보인다. 무릎에 찰과상을 입었을 때처럼, 입수된 정보가 고통으로 인지되기까지 약간의 시간이 필요하다. 정신적 상처를 입었을 때에도 당사자의 세계는 상처를 입은 바로 그 순간에 집중적으로 수렴되면서 상처받은 부위와 고통으로 축소된다. 그리고 그 밖의 다른 모든 것은 더 이상 존재하지 않는 것처럼 생각된다.

가장 깊은 내면으로 향한다

　신체적 상처와 고통을 느끼면 몸이 수축되고 경직된다. 이를 테면 손에 화상을 입으면 손을 뒤로 빼며, 걷다가 발에 가시가 박히면 걸음을 잠시 멈춘다. 계속 걷는다면 발에 가시가 점점 더 깊이 박힐 수 있다. 격렬하고 거센 움직임은 자기 자신에게 더 많은 상처를 유발하거나 공격자를 자극할 수 있다. 이러한 일은 순식간에 벌어진다. 예를 들어 채칼로 오이를 썰다가 손을 베인 사람은 엉겁결에 갑자기 신체적으로 공격받은 사람과 똑같은 방식으로 반응한다.

　정신적 상처도 이와 다르지 않다. 어쩌면 신체적 상처보다는 눈에 덜 띌 수도 있겠지만, 당사자는 신체적 상처를 입었을 때처럼 몸을 수축시키는 반응을 보인다.

　우리는 위협을 느낄 때 반사적으로 방어 태세를 취한다. 몸을 굽히고 등을 둥글게 구부리며, 다리를 몸 쪽으로 당겨서 복부를 가격당하지 않도록 하는 것이다. 또 팔을 가슴 앞으로 내밀고 손으로 얼굴을 막는다. 이렇게 우리는 몸을 수축시켜서 될 수 있는 대로 빨리 구타와 학대에 방어하고, 살아남을 수 있는 기회를 엿본다. 몸을 움츠려서 민감한 복부, 그리고 특히 우리의 가장 깊숙한 내면에 위치한 심장을 보호한다. 심장은 흉부의 갈비뼈로 무장되어 있으며, 우리 몸에서 가장 안전하면서도 가장 중요한 신체기관이다. 말하자면 심장은 우리가 살아남기 위한 최후의 보루다.

정신적 상처와 고통, 두려움 또한 반사적으로 근육의 움직임을 유발한다. 말하자면 외부에서 내부를 향해, 우리의 가장 깊은 내면을 향해 역동적인 신체적 움직임을 유발한다. 이러한 수축과 경직은 살금살금 다가올 수도, 또 격렬할 수도 있으며, 극단적인 경우 발작이나 경련처럼 느껴지기도 한다. 또한 가슴에서 계속해서 답답함이 느껴진다. 이렇게 위협적인 주변 환경으로부터 후퇴하여 향하는 곳은 바로 우리의 가장 깊은 내면인 가슴이다. 몸을 수축시키는 모든 움직임을 통해 두려움과 고통은 가슴에 안착된다. 그리고 상처를 받을 때마다 긴장감과 답답함이 우리의 가슴속에 오래도록 유지된다.

가슴에 스며든 정신적 고통

우리는 깜짝 놀라면 가슴이 철렁 내려앉는다. 또 실망을 느끼면 가슴이 찔린 듯 아프다. 가슴이 막힐 때도 있고, 돌처럼 단단하게 굳거나 터질 것 같을 때도 있다. 가슴속까지 저미는 추위를 느끼기도 하며, 가슴이 찢어질 것 같기도 하다. 육중한 부담감이 가슴을 짓누르기도 하며, 가슴이 홀가분해지기도 한다. 기쁜 일이 있으면 가슴이 탁 트이고 훨훨 날아갈 것 같다. 그리고 다시 열린 마음을 갖게 된다. 기쁨으로 가슴이 뛰기도 하고, 두려움이나 즐거움으로 가슴이 두근거리기도 한다. 마음이 홀가분해지면 가슴을 옥죄었던 쇠사슬이나 철끈을 끊을 수 있다. 어떤 사람은 따뜻한 가슴을 가지고 있고, 또 어떤 사람은 그렇지 못하다. 어떤 사람은 마음을 강하게 먹고 과감하게 행동을 개시한다.

가슴(독일어 단어 das Herz는 영어 단어인 Heart에 해당되며, 가슴이나 심장, 마음으로 번역될 수 있다. ─옮긴이)은 다른 모든 기관보다 훨씬 우월하다. 가슴은 우리의 내면뿐만 아니라 외부에서 일어나는 모든 것, 그리고 타인과의 소통 과정에서 그들과 함께 느끼는 모든 것에 반응한다. 말하자면 가슴은 모든 것에 반응한다. 우리가 감정의 동요를 온몸으로 느끼는 것은 확실한 사실이다. 그런데 행복과 기쁨, 고통과 괴로움 등을 가장 강렬히 느끼는 곳은 바로 가슴이다. 가슴은 감정의 핵심 장소다. 단순히 상징적으로만 그런 것이 아니라, 매우 구체적이고 물질적이다. 가슴은 동양 사상에서도 에너지의 중심일 뿐만 아니라, 서양의 세계관에서도 마찬가지다.

우리가 원하든 원치 않든, 우리가 받는 모든 정신적 고통은 앞서 언급했듯이 몸을 수축시키고, 이러한 무의식적인 움직임을 유발하는 중심지, 바로 가슴에 안착한다. 우리가 느낄 각오가 되어 있는 고통도, 아니면 모른 척하고 넘어갔으면 하는 고통도 모두 가슴으로 흘러들어오는 것은 똑같다. 가슴에서 고통을 없앨 수 있다는 생각은 큰 착각이나, 가슴이 모든 고통을 받아들이고 짊어지고 견뎌내며 광범위하게 가공하는 기관임은 분명한 사실이다.

우리가 가슴에서 고통과 수축을 없애려고 의식적으로 노력한다면 그 부담을 경감시킬 수 있다. 그러면 가슴이 홀가분해지고 근육의 긴장이 풀리며, 에너지가 확대되는 것을 느낄 수 있다. 가슴은 지금까지 고통을 견뎌왔으며, 지금도 여전히 우리가 받아들이기를 원하지 않는 고통을 품고 있다. 가슴은 이러한 고통 부담에 익숙하다. 그러므로 우리는 어차피 가슴속에 품을 수밖에 없는 고통에 의식적으로 대처할 용기를 가질 필요가 있다. 그렇게 하는 것이 모든 고통을 그저 수동적으로 축적하고, 아무런 도움도 없이 고통스러운 감정을 혼자 은밀하게 품고 있는 것보다 낫다.

우리의 마음과 가슴에 이로운 것이 무엇인지는 누구나 쉽게 알 수 있다. 바로 마음을 열고 긴장을 푸는 것이다. 무엇보다도 사랑과 믿음, 안전감과 소속감, 기쁨과 행복, 조화와 아름다움이 가슴에 이롭다. 반면 위협과 두려움, 고통, 압박감, 거절, 이별, 근심이나 걱정은 우리 마음을 괴롭힌다.

자신의 상처에 전념해야 하는 또 다른 이유가 있다. 그렇게 해야 우리의 마음을 다시 열고 삶의 즐거운 측면을 받아들일 수 있다. 심각한 문제에 빠져 있을 때에도 사랑과 기쁨으로의 연결 고리를 잃지 않는다면, 그리고 행복했던 시간을 떠올리거나 상상한다면 언제라도 마음을 다시 열 수 있다. 이런 행복한 시간은 언제나 존재하니까. 가끔은 가벼운 산책, 창밖이나 달력 속 사진을 바라보는 것으로도 도움이 된다. 당신의 마음을 달래고 긴장을 완화시킬 수 있는 구체적인 많은 방법들을 이 책에서 발견하게 될 것이다.

은신처를 찾다

피가 나는 상처는 처치가 필요하다. 누구나 이것을 당연하게 생각한다. 아이의 상처를 응급 처치하지 않거나 붕대를 감아주지 않는 부모는 없을 것이다. 그런데 정신적 상처는 좀 더 복잡하다. 정신적 상처는 눈에 보이지도, 피가 흐르지도 않는다. 그저 고통을 표현하는 상처받은 아이만 보일 뿐이다. 부모는 아이가 신체적 상처를 입으면 가벼운 의료적 처치가 필요한지, 아니면 큰 병원에 입원시켜야 할지, 밴드를 붙여줘야 할지, 그저 '호호 불어주기'만 하면 될지를 쉽게 판단할 수 있다. 하지만 정신적 상처는 그렇게 하는 것이 쉽지 않으며, 잘못된 판단을 내릴 가능성이 크다.

마르셀은 옆집 소년의 욕설에 상처받고 화가 났다. 그의 얼굴에 눈물이 흘러내렸다. 나디네는 친구들과 놀고 싶었지만 다른 아이들이 나디네를 팔로 밀치면서 자신들의 뜻을 분명하게 표현했다. 나디네가 놀이에 방해가 된다는 것이다. 난생처음 게임에서 진 베냐민은 다른 아이가 이겼다는 사실을 의아하게 생각할 뿐이다. 자기가 진다는 것은 생각해보지도 못했다. 할머니하고 게임을 하면 할머니가 늘 베냐민이 이기도록 해주었기 때문이다. 그는 게임용 말을 테이블에서 뒤엎어버리고, 자기가 졌다는 속상함에 카펫 위에 드러누워 엉엉 울었다. 이 모습이 다른 아이들에게는 썩 좋아 보이지 않았다. 베냐민은 눈물을 흘리며 할머니와 엄마를 불렀다.

아이는 그네에서 떨어질 때도, 또 정신적으로 상처를 받았다고 느낄 때도 피난처와 의지할 곳을 찾는다. 하지만 이렇게 하는 것만으로는 상황을 헤쳐나갈 수 없다. 아이는 충돌을 전혀 이해하지 못한다. 아이가 경쟁이나 반대에 부딪힐 때 과연 그에 적절한 반응을 할 수 있을까?

안타깝게도 아이들은 정신적 상처를 받을 때 무엇이 자신에게 도움이 되고, 어떻게 대처해야 하는지를 제대로 파악하지 못한다. 가끔은 완전히 헛짚기도 한다. 특히 자신의 정신적 상처를 다스리는 법을 제대로 배우지 못한 부모 밑에서 자란 아이들이 더욱 그렇다. 이런 아이들은 극단적인 경우 부모에게서 또 다른 상처를 받는다. 상처받는 그때그때의 상황뿐만 아니라 부모가 아이의 정신적 상처에 어떻게 대응하는지도 아이에게 영향을 미친다. 상처와 고통, 이에 대한 반응의 순서로 아이에게 각인된다. 그렇게 배운 행동은 ― 이에 대항하여 의식적으로 다른 행동을 내놓지 못할 경우 ― 나중에 대부분 자기 자신을 향하여 그대로 반복된다.

아이의 고통을 떠맡으려는 부모

고통과 괴로움이 없는 무탈한 삶만을 기대하는 부모는 자신의 아이가 갑자기 고통에 직면하고 이로 인해 감정적 동요를 겪게 되면 무척 당혹스러워한다. 아이의 고통 때문에 마음이 너무 아파서 어떻게 해서든지 그 고통을 가져오려고 한다. 말하자면 아이의 고통을 대신 떠맡으려고 한다. 이때 아이는 부모가 자기의 고통을 덜어주고 연민해주는 모습을 발견한다. 하지만 부모에게서 자신이 기댈 곳은 찾지 못한다. 물론 이렇게 부모가 곁에서 감정을 함께 나누면 어느 정도 아이의 심적 부담을 덜어줄 수 있다. 하지만 그렇게 한다고 고통이 사라지는 것은 아니다. 그런 환경에서 자란 아이는 나중에 자기 자신에게 불필요한 동정심을 가질 가능성이 높다. 고통과 자기 연민은 리본의 매듭처럼 서로를 강화시킬 수 있다. 이러한 패턴을 지닌 사람은 자신의 고통을 불필요할 정도로 오랫동안 붙들고 있다. 또한 기쁨과 즐거움과 같은 좋은 감정을 전혀 공유하지 못할 경우, 나중에 고통과 연민을 바탕으로 타인과의 관계를 구축하고 심화시키려는 경향을 갖게 된다.

　부모에게 고통을 떠맡기는 방식으로 반복적으로 자신의 고통을 다스려온 아이는 고통에 대해 완전히 다르게 반응한다. 특히 아이가 이런 방식으로 인해 자신의 고통이 더 커졌을 뿐이며, 자신이 하찮은 존재로 받아들여지는 경험을 반복한다면, 나중에는 자신의 정신적 고통을 부모에게 드러내지 않으려고 할 것이다. 그렇게 하는 것이 자신의 고통을 극복해야 하는 동시에 걱정에 휩싸인 부모까지 위로해야 하는 것보다 훨씬 참을 만하기 때문이다. 이러한 아이는 결국 자신의 어려움을 혼자 끌어안고 해결하려고 한다.

감정 달래기

　누군가를 위로한다는 것은 그 사람이 난관에 처했을 때 혼자가 아니라는 것을 느끼게 해주는 것이다. 그는 다른 사람이 자신을 신경 써주고 보살펴주고 있음을 느낀다. 그러면 한동안 슬럼프에 빠졌다가도 자기가 혼자가 아니라는 사실을 깨닫고 금방 원기와 신뢰를 회복할 수 있다. 여러 사람이 자기를 위로하고 보호해준다는 사실을 알면 자신의 상처와 고통에 완전히 집중할 수 있게 된다. 그러면 시야가 확대되고, 보이지 않던 모든 것이 보이기 시작한다. 이를테면 기쁨과 아름다움, 자기를 도와주는 사람들 같은 것들이 보인다.

기분 선환이나 희망 고문은 위로라고 볼 수 없다. 어른들은 대개 아이에게 종종 잘못된 위로를 베푼다. 이를테면 정신적으로 상처받은 아이에게 사탕이나 과자를 주어 입을 막는다. 그렇게 하면 아이는 더 이상 자신의 감정을 인지하지 못하고, 부모는 아이의 울음소리를 더 이상 듣지 않아도 된다. 또 어른들은 아이에게서 유쾌한 감정을 불러일으키기 위해 온갖 약속으로 사탕발림한다. 이런 상황을 통해 아이가 배우는 것이 있다. 즐겁고 기쁜 감정은 인지하고 표현해도 되며, 불쾌하거나 고통스러운 감정은 무시해야 한다는 것이다. 또 그렇게 하지 못하면 나중에 직접 자기에게 보상을 하면서 좋지 않은 감정을 은폐시킬 수 있다는 것도 배운다. 이렇게 어른은 사탕발림 같은 위로로 아이를 구슬려서 넘어가게 하고 아이를 혼자 내버려둔다. 그러면 아이는 자신의 고통을 비롯하여 사회적으로 바람직하지 않은 다른 모든 감정들을 — 나아가 자기 자신까지 — 방치하기에 이른다. 아이는 이런 감정들을 나중에 자기가 보상받고 싶은 것이 있을 때 다시 드러낼 것이다.

부모의 간섭과 문제 해결 시도

많은 부모들이 아이의 일이나 문제에 간섭하려고 한다. 이때 상처받은 아이에게 죄를 뒤집어씌우고 아이를 책망하는 경우가 가끔씩 있다. 그런데 이러한 상황에서 상처받은 아이 역시 자신의 고통과 감정에 대한 권리를 행사하며, 무엇보다도 몸으로 느낄 정도로 부모가 든든한 버팀목이 되어주기를 원한다. 가끔은 부모가 사건의 진행 과정을 너무 빨리 수습하고 해결하려고 하는데, 그러면 대부분 누가 먼저 시작했는가 하는 문제에만 집중하게 된다.

아이들이 받는 정신적 상처는 신체적 상처보다 훨씬 더 위험하다. 그런데도 많은 부모들은 아이들끼리 몸싸움을 하지 못하게 한다. 아이들 사이에서는 몸싸움이 스트레스를 풀어주기도 하고, 유대 관계를 증진시켜주며, 순화적인 효과도 있는데 말이다. 부모의 이러한 태도는 종종 오해에서 비롯된다. 이를테면 아이의 에너지를 전투적인 폭력과 동일시하는 것이다. 하지만 어차피 아이의 체력은 한정되어 있다.

부모는 아이들이 규칙을 세우고 공정하게(이를테면 또래끼리 하거나 사전에 심판을 정하는 등) 몸싸움을 하도록 하지 않고, 몸싸움 자체를 나쁘다고 판단하거나 아예 몸싸움을 금지한다. 그런데 이렇게 아이들의 에너지가 분출되지 못하고 쌓이기만 할 경우 다른 방향으로 나아갈 수 있다. 즉, 남에게 더 많은 상처를 줄 수 있는데, 부모는 이 사실을 간과한다. 또 긁힌 자국이나 튀어나온 혹은 금방 나으며, 아주 드문 경우를 제외하고는 흉터도 잘 남지 않는다. 반면 정신적 상처는 ─ 아이들에게서도 ─ 매우 오랫동안 여파가 남을 수 있다.

머리와 가슴의 대결

아이는 모든 것에서 아주 단순하다. 이를테면 고통을 느끼면 그 감정을 고스란히 느끼고, 고통을 있는 그대로 괴로움으로 표현한다. 반면 부모는 고통의 감정을 드러내지 않고 참는다. 아이에게 공감하지만 아이와 함께 괴로워하지는 않는다. 부모는 아이를 인지하고, 아이가 자신에게서 기댈 곳을 찾고 괴로움을 견뎌내도록 침착함을 유지한다. 그런데 부모가 자신의 감정을 거부하고 억누름으로써 이러한 과정에 차질이 생길 수 있다. 나아가 감정이 그에게 불안을 조장할 수 있다. 이 경우 부모는 자신을 향해 돌진하는 아이의 강한 감정들을 견디지 못한다. 그래서 종종 장황한 말을 늘어놓음으로써 아이가 투덜대거나 울지 못하게 막는다. 그들은 아이가 처한 상황을 이해하지 못한다. 아이의 상황을 받아들일 능력이 전혀 안 되기 때문이다.

아이가 이미 자기가 처한 상황으로 스트레스를 받았다면, 부모가 어떤 말로 위로를 해도 부담스러울 뿐이다. 아무런 의미도 담기지 않은 말은 이미 그 자체만으로 부적절하며, 이러한 말은 어쩌면 아이에게 또 다른 공격이 될 수도 있다. 부모는 온갖 이성과 논리를 수단으로 아이의 감정을 없애버리려고 한다. 그러면 아이는 정신적으로 상처를 받고 방어 태세를 취한다. 그리고 그때부터 아이조차 자신의 감정에 맞서 싸우기 시작한다. 대개 부모는 아이가 상처받았을 때 곁에 있지 않는 경우가 많으므로 이론적으로만 아이를 대한다. 그 이론이 맞든지 맞지 않든지 간에 말이다. 이때 부모는 종종 아이를 타이르고 훈계를 하게 된다. 하지만 이런 훈계와 타이름 역시 다른 모든 잔소리와 마찬가지로 도움이 되지 못한다. 아이는 부모가 의도한 교훈을 배우는 것이 아니라, 곤경에 처한 상황에서 자기가 믿을 만한 사람으로부터 또 다른 공격을 추가적으로 받을 수 있다는 것을 배우게 된다.

이해의 울타리

다른 사람의 고통을 자기 고통처럼 받아들이려고 하지 않는 사람은 확고한 자기만의 생각을 가지고 있다. 말하자면 그는 사태를 인지하고 파악하기보다는 이론에 근거하여 해석하고 판단하고 설명하려고 한다. 이해는 양날을 가지고 있다. 즉, 누구나 다른 사람에게 이해받기를 원한다. 하지만 순전히 말로만 당사자를 이해한다는 표현을 할 경우, 생각과 말이 일치하지 못하고 엉뚱한 말을 하기 쉽다. 그러면 당사자는 오해를 하고, 그 오해로 말미암아 또 다른 상처를 받는다. 하필이면 바로 옆에 있는 가까운 사람에게서 말이다.

아스트리트 — 어머니가 제 문제를 이해한다고 말했을 때가 가장 최악이었어요. 어머니는 책에서 읽은 내용을 바탕으로

제가 처한 상황이나 저를 포함한 모든 사건 관계자들을 심리학적으로 해석하고 판단했어요. 그러면서 자신이 알고 있는 지식을 자랑스럽게 드러내려고 했어요. 물론 어머니는 앞으로 상황이 어떻게 될지 모든 것을 알고 계셨죠. 어머니는 충고도 공격이 될 수 있다는 것을 책에서 읽어서 알고 계셨기 때문에, 제가 스스로 어머니의 시각에서 사태를 파악하도록 끊임없이 저를 설득하셨어요. 그런데 어머니가 제 감정까지 마음대로 조종하려고 하자 어느 순간 더 이상 못 참겠다는 생각이 들더라고요. 어머니는 제 신경을 거슬리게 하고 있다는 사실을 전혀 몰랐어요. 어머니는 그저 제가 언제부터인지 어머니에게 제 이야기를 하지 않는다는 사실을 의아해할 뿐이었어요. 어머니가 제 관점에서 저를 이해해주셨으면 하는 바람은 무리였어요. 어머니는 제 얘기는 제대로 듣지도 않고, 자기 생각대로만 계속 해석하고 판단하셨어요. 그래서 저는 10대 때 외로운 시간을 보냈고, 겉으로 웃는 척하면서 저를 숨겼어요.

상처를 부정하기

아이가 받은 정신적 상처는 종종 묵과되는 경우가 많다. "에이, 별거 아냐!" "그렇게 요란 떨지 마!" "걔가 그런 뜻으로 한 말은 분명히 아닐 거야." 어른의 눈에는, 게다가 상처받은 당사자도 아닌 어른의 눈에는 아이가 입은 상처가 사소해 보일 것이다. 어른은 살아오면서 이보다 더 많은, 더 크고 격렬한 상처를 견디면서 살아야 했으니까. 하지만 상처에 대처하는 데 이제 걸음마 단계에 있는 아이에게 고통은 극도로 괴롭고 통렬한 자극이다. 그렇기 때문에 대부분의 즐거운 자극보다 더 강하게 엄습한다.

그런데 아이가 이렇게 인지한 것을 묵과하는 것이 마땅할까? 아이는 자기에게 고통을 준 놀이 친구 역시 다른 사람에게 자신이 얼마나 큰 상처를 줄 수 있으며, 다음 날 다시 사이좋게 노는 것이 얼마나 힘든 일인지 배워야 한다는 사실을 아직 인식하지 못한다.

고통이 묵과되면 대부분 다른 감정들도 경시되고 평가절하된다. 모든 감정들이 아무것도 아닌 것으로 여겨지고, 방해가 되는 불쾌한 것으로 생각된다. 하지만 고통이 자각되지 않는다고 해서 사라지는 것은 아니다.

처벌을 통해 이중으로 상처받다

유감스럽게도 처벌 때문에 이중으로 상처받는 경우는 비일비재하게 일어난다. 정신적 상처를 받은 사람은 기댈 곳 없이 자신의 고통을 혼자 감당한다. 게다가 사람들의 이목을 끌었다는 이유로 비난을 받고 처벌까지 받았다.

예를 들어 같은 반 남자아이들이 엘리자베스에게 심한 장난을 쳤다. 남자아이들의 장난을 막으면서 어머니에게 큰 소리로 하소연한 엘리자베스는 '소심한 멍청이'로 낙인찍혔다. 볼프강은 자신이 선생님한테 부당한 대우를 받았다고 느꼈다. 그는 이 사실을 부모에게 알렸지만, 부모는 그의 말을 더 듣지도 않고 선생님 편을 들면서 그를 혼냈다.

이렇게 아이에게 잘못이 있다고 규정할 경우 아이는 반항으로 반응할 수도 있다. 그런데 이러한 과정을 혼자서 모두 떠안을 수도 있다.

마리온은 직장 동료들에게서 무시당한다고 느꼈다. 그런데 내 눈에는 그녀의 행동이 모순적으로 보였다. 그녀의 목소리는 상처받고 슬프게 들리지만, 그녀의 언어적 표현 방식은 단호하고 냉정했다. 나는 그녀에게 무시당하는 감정이 들 때의 상황을 떠올려보라고 부탁했다. 그녀는 그 상황 속에서 거리를 두고 자기 자신을 인지할 때, 가혹한 말로 자신을 책망했다. 자기 자신을 동정하지 않고, 자신이 그런 일을 당하는 것이 아주 당연하다고 생각했다. 그녀는 자신의 이러한 거친 대처 방식으로 끊임없이 자신에게 상처를 주고 슬픔에 잠겼다. 그러고는 또다시 자신에게 단호하고 냉정해졌다. 이런 쳇바퀴 속에서 자기 자신에게 지속적으로 새로운 정신적 상처를 가했다. 그녀는 어머니가 자신을 대했던 방식이 그대로 반복되고 있다는 사실을 깨달았다. "제발 좀 조심해!" "그럴 줄 알았다!" "말을 안 들으면 따끔한 맛을 봐야지!" 어머니가 냉정하고 엄격한 표정을 지으며 마리온에게 했던 이런 말은 그녀의 어린 시절에 일상적 규범이 되었다.

부모에게서 정신적 상처를 받다

아이에게 정신적 상처를 주는 사람이 부모라면 어떨까? 이런 일은 순식간에, 그리고 자주 일어난다. 처음에는 사소한 오해로 시작되지만, 점점 부모가 아이를 힘으로 마음대로 지배하고, 지나치게 간섭하고, 사랑을 덜 주고, 아이의 활동과 경계를 제한하고, 아이의 욕구와 바람을 무시하며, 아이에게 너무 가볍거나 지나친 요구로 부담을 주게 된다. 아이는 부모를 사랑하는 마음에서 이렇게 행동하는 부모를 어느 정도 이해하고 인정하며, 부모 역시 마찬가지로 아이의 많은 점을 관대하게 봐준다.

자신의 부모가 다른 어른들처럼 완벽하지 않다는 점, 부모의 요구와 욕심이 자신보다 우선일 수 있으며 자신이 원하는 것을 항상 들어줄 수 없다는 점을 경험하는 것은 매우 중요하다. 실수와 갈등, 거부는 우리를 인간답게 만들며, 아이들은 — 남과 자신에게 관용을 베풂으로써 성숙해지는 것처럼 — 실수와 갈등, 거부를 통해서도 성장할 수 있다. 이러한 무수한 작은 충돌과 상처가 없다면 아이는 아마도 자신을 고유한 존재로 느낄 수 없을 것이며, 고유한 자아를 발전시키지 못할 것이다.

부모는 자신이 직접 겪은, 하지만 아직 처리나 해결을 하지 못한 것을 끊임없이 아이에게 전달한다. 부모의 발달이 정체되어 있는 경우 종종 자신이 경험한 내용과 정반대의 것을 과장된 방식으로 아이에게 전달하려는 경향이 있다. 이런 부모들은 대부분 다음과 같이 말한다. "내가 어렸을 때는 아무도 나를 돌봐주지 않았어요. 그래서 내 아이에게 더 많은 신경을 쓰면서 돌보고 있어요."

여기서 말하는 상처는 우리의 한계를 느끼게 하고 우리를 다른 사람과 분리된 사람으로 경험하도록 가르치는 작은 상처들이 아니다. 부모에게 받은 아이의 심각한 상처, 이를테면 부모의 감정 폭발이나 아이에게 걷잡을 수 없을 정도로 가해지는 신체적 폭력으로 받는 상처를 말하는 것이다.

그런 상처는 아이를 딜레마에 빠뜨린다. 아이가 부모 아닌 누구에게 보호를 받을 수 있을까? 부모가 아니라면 그 누가 아이를 품에 안아주고 아이의 눈물을 닦아줄 수 있을까? 부모에게 상처를 받으면 아이는 극심한 심적 혼란에 빠진다. 자신을 사랑스럽게 대해주던 사람이 이제는 눈에 분노가 가득하고 자기를 미워하는 것처럼 보인다. 이럴 때 아이에게는 아이러니하게도 방금 자신에게 상처를 준 그 사람의 팔에 안기는 것 외에는 다른 탈출구가 없다.

바로 이러한 서로 다른 행동 패턴 사이에서 내면적 갈등이 생겨난다. 아이는 한편으로 고통을 느끼고 자신을 희생자로 인지한다. 다른 한편으로 아이는 부모를 모범으로 삼아 그 모습을 보고 배운다. 또한 부모의 생각과 기대, 반응을 일반적인 것으로 받아들이고, 이러한 흐름을 내면화하고 답습한다. 게다가 어른은 강하고 자기는 약하다는 생각도 품게 된다. 다시 말해 자신은 혼자 살아남지 못하고, 어른의 보호가 있어야만 살아남을 수 있다고 생각하는 것이다.

일반적으로 어린아이는 어른의 입장이 되어 생각함으로써 이러한 딜레마에서 빠져나오려고 노력한다. 그럴 때 아이는 자신에게 벌어진 일이 당연하다고 여긴다. 말하자면 자기 자신한테 잘못이 있다고 생각한다. 이를테면 성추행을 당한 아이가 대부분 자기 자신에게 잘못이 있다고 느끼고 죄책감을 가지는 것과 같다.

인류의 역사에는 믿기 어려울 정도로 무수한 폭력과 잔혹한 만행, 억압이 존재했다. 자신을 가해자와 동일시하는 행동 패턴이 없었다면 아마 인간은 아무리 많은 고통을 견뎌냈다 해도 살아남지 못했을 것이다. 아이러니하게도 인간은 자신을 가해자와 동일시하는 방식으로 어느 정도 갈등을 해결했다. 다시 말해 자신이 피해자로서 공격에 맞서 저항하고 싶어도 그렇게 할 수 없다는 내면적 갈등을 이런 방식으로 해결한 것이다. 이는 마치 착취당하고 있는 농부가 자신이 지주의 농노가 아니라 나라 전체에서 가장 막강한 귀족의 농노라는 사실을 자랑스럽게 여기는 것과 같다. 그래 봤자 자신과 같은 처지의 농노를 관리하는 사람으로 승격된 노예일 뿐인데도 말이다.

부모에게서 정신적 상처를 받으면 아이는 내면적 갈등을 겪는다. 한편으로 아이는 부모로부터 학대당한 피해자이지만, 다른 한편으로는 자신을 학대한 부모를 내면화시킨다. 그러면 아이는 피해자인 동시에 가해자가 된다. 피해자 입장과 가해자 입장의 양측이 서로 싸움을 벌이는데, 이런 아이의 갈등은 나중에 어른이 되어서도 정신적 상처를 통해 반복적으로 되살아날 수밖에 없다.

고통에 대처하는 우리의 기본 패턴

우리는 어른이 되어서도 어릴 적 자신의 고통을 대했던 방식대로 정신적 상처를 대하는 경우가 많다. 우리는 부모나 다른 어른들, 아니면 주변 아이들에게서 고통을 대하는 법을 배웠다. 우리는 +1 대 +1의 패턴, 즉 직접적인 방식을 취할 수 있다. 어떤 사람은 정반대의 방식을 취할 수도 있다. 반대 부호, 즉 +1 대 -1 패턴을 취하는 것이다.

말하자면 다음과 같다. 어렸을 때 부모의 간섭과 동정을 유난스럽게 받은 사람은 나중에 자신의 고통을 오히려 묵과하려는 경향을 보인다. 하지만 이러한 패턴 역시 결국에는 자기 자신의 것이 아니라 타율에 지배된다. 좀 더 자세히 들여다보면 이러한 사람은 다른 사람과 갈등에 빠질 경우 두 가지 반응 방식을 보인다. 즉, 과거의 행동과 이를 바탕으로 생기는 새로운 행동이다. 이 두 가지 행동 패턴이 서로 싸움을 벌인다. 약세의 순간에는 대체로 과거의 행동 패턴이 더 우세한 힘을 드러내면서 다시 주도권을 장악한다.

아이 스스로 고통에서 벗어나는, 그리고 정신적 고통을 대하는 자신만의 방식을 발전시키지는 못한다. 이러한 대응 방식의 여부는 아이가 받은 정신적 상처에 부모가 어떻게 반응하는지에 달려 있다. 부모는 본의 아니게 자신의 부담을 아이에게 떠넘기고 외면한다. 반면 친구나 지인, 또는 자신과 별로 가깝지 않은 사람들이 정신적 상처를 입었을 때에는 대부분 더 깊이 생각한다.

❤ 상처를 받았을 때 어떻게 반응하는가 ❤

— 저항하며, 나를 향한 공격을 즉시 막으려고 한다.

— 상처받은 내 감정을 숨김없이 드러낸다.

— 직접적으로 드러내지 않으려고 해도 가만히 있기가 어렵다. 감
  정을 제대로 억누르기가 어렵다.

— 뒤로 물러서서 탈출구를 찾는다. 나를 하찮은 존재로 느낀다.

— 그 순간에는 전혀 인지하지 못하고 대부분 아주 나중에서야 비
  로소 상처받았다는 사실을 깨닫는다.

— 내 편의 사람들에게 이해를 구한다. 되도록 빨리 내가 상처받은
  사실을 그들에게 알린다.

— 혼자 뒤로 물러나서 화를 삭인다.

— 나 자신을 측은하게 여기는 경향이 있다.

— 단것이나 음식, 술이나 다른 것으로 스스로 위안한다.

— 상처를 받는 상황에서 가끔은 나 자신을 책망하고 나에게 책임
  이 있다고 생각한다. 이를테면 나를 공격할 만한 이유가 나한테
  있을 정도로 내가 충분히 좋은 사람이 아니거나, 내가 공격을
  막을 만큼 용기가 없고 제대로 방어하지 못한다고 여긴다.

— 그런 상황이 어떻게 해서 벌어질 수 있었고, 다른 사람에게는 어
  떤 일이 일어날 수 있는지 분석하고 해석한다.

— 공격자를 이해하려고 노력한다.

— 나에게 상처를 준 사람을 즉시 용서하려고 애쓴다.

— 공격자와 대화를 하려고 한다.

— 그렇게 나쁜 일이 아니라고 나 자신에게 말한다.

— 모든 사건이 그렇게 중요한 것이 아니라고 나 자신에게 설명하려고 노력한다.

— 나한테 당연히 일어날 수 있는 일이라고 말한다. 내가 좀 더 조심할 수 있었는데 그렇지 못했다고 여긴다.

— 정신을 차리고, 싫은 내색을 보이지 않는다. 겉으로 상처를 무시하려고 애쓴다.

— 원한을 품고, 복수나 앙갚음을 계획한다.

— 나에게 상처를 준 사람과 즉시 연락을 끊는다.

— 앞으로는 사람을 대할 때 좀 더 조심스럽게 행동하겠다 다짐하고, 더 많은 거리를 둔다.

— 정신적 고통을 마음속에 간직하지만, 아무에게나 드러내지 않는다. 특히 나에게 상처 준 사람에게는 결코 드러내지 않는다.

이 책을 다 읽은 후에 다시 이 목록으로 돌아와서 확인해본다면 더 좋을 것이다. 책을 읽고 난 후에는 당신에게 어떤 변화가 생길까? 어떻게 하면 자신의 상처에 더 건설적으로 대처할 수 있는지 구체적이면서도 효과적인 방법을 찾을 수 있을 것이다.

상처를 입었을 때
스스로 하는 응급 처치

　지금까지 정신적 상처의 몇 가지 배경과 그 여파를 살펴보았다면, 이제는 좀 더 구체적이고 실제적인 이야기를 할 때가 되었다. 나는 앞으로 당신이 정신적 고통에 적절하게 반응하고 고통을 해소시킬 수 있는 효과적인 방법을 제시하고자 한다. 이를 위해 몇 가지를 먼저 일러둘 참이다.

　이 책의 주제와 각 장에서 다루고 있는 내용은 일종의 도전이다. 당신이 이 책을 마주하기 위해서는 많은 용기가 필요할지도 모른다. 당신의 정신적 고통과 대면하게 되기 때문이다. 이를 위해서는 신중함과 냉철함, 자기 책임이 필요하다. 그리고 다음과 같은 기본 규칙을 지킨다면 이제는 쓸데없는 고통에 사로잡히지 않을 것이다.

고통을 해소하는 기본 규칙

첫째, 당신이 여기에 있는 효과적인 방법에 얼마나 집중할 수 있을지를 먼저 결정하라. 당신은 이 책을 그저 하나의 읽을거리로 생각할 수도 있고, 아니면 책임감을 갖고 각종 실험과 기술을 자신에게 적용해볼 수도 있다.

성공적으로 실험을 실행하기 위해서는 각종 방법을 머릿속으로만 시험해서는 안 된다. 당신이 실제로 몸을 일으켜 다양한 자세와 입장을 취하고, 다양한 방법과 실험이 제공하는 놀라운 효과를 빠짐없이 느껴봐야 새로운 경험을 할 수 있다. 이 책에서 제시된 방법들을 정확하게 그대로 따라야 한다. 조금이라도 소홀히 하거나 변경할 경우 완전히 다른 결과를 초래할 수 있으며, 불필요한 고통을 유발할 수 있다. 이 책에 제시된 기술들은 정확함을 요구한다.

둘째, 어떤 기대나 압박감 없이 인지해야 한다. 책 속에서 당신의 어떤 한 측면이나 당신이 처한 상황을 인지하거나 관찰하라고 지시한다고 해서, 반드시 무언가를 알아내야 할 부담을 가질 필요는 없다. 중요한 것은 그런 상황과 관계를 맺는 것이다. 이것은 특별히 어떤 의도를 품지 않고 현재 당신에게 문제가 되는 것에 주의를 기울이는 것으로도 충분히 가능하다.

셋째, 아주 작은 것부터 시작한다. 이 책에 제시된 방법들을 실험할 때 아주 작은 상처에서부터 시작해보자. 스키를 배울 때 처음부터 상급자 코스를 타는 사람은 없을 것이다. 이 사실을 끊임없이 유념한다면 불필요한 고통과 추가로 발생하는 문제들을 피할 수 있다. 실험의 분량도 계량해야 한다. 그래야 각종 방법들이 효력을 발생시킬 수 있다. 모든 방법을 한꺼번에 실행하지 말고 각 실험들 사이에 충분한 휴지기를 갖도록 한다.

넷째, 자신의 한계를 인정해야 한다. 자신이 지나치게 몰두한다는 생각이 들 경우, 잠시 책을 덮어두고 나중에 다시 읽는 것이 좋다. 모든 내용을 한꺼번에 읽으려고 하지 않아야 한다. 노련하게 중단할 줄도 알아야 한다. 책을 계속 읽기가 버겁게 느껴지면 잠시 책을 내려놓는다. 그리고 내가 받은 상처의 수치가 어느 정도인지 가늠해보기 위해 이 책의 후반부에서 설명하고 있는 '심장 체조'나 '플라톤 주유소' 방법을 적용해본다.

다섯째, 균형을 유지한다. 당신이 정신적 상처에 몰두하는 동안 당신에게 즐거움을 주는 일들을 함께 의식하는 것이다.

마지막으로, 일상적 상처에 관한 문제임을 의식하는 것도 중요하다. 이 책은 누구나 마주하는 일상적 상처를 다스리는 방법을 다루고 있다. 다시 한번 강조하지만, 이 책은 트라우마에 관한 책이 아니다. 따라서 이 책을 읽는 동안 자가 치유만으로 충분하지 않다는 사실을 발견한다면 주저하지 말고 심리 치료의 도움을 받아야 한다.

대체로 정신적 상처는 천천히 그리고 은밀하게 다가오며, 우리가 의식하지 못하는 사이에 그림자처럼 우리 인생에 드리워지고 삶을 어둡게 만든다. 어떤 것은 마른하늘에 날벼락처럼 기습적으로 닥친다. 또 어떤 것은 검은 구름으로 시작을 알린 후 서서히 모습을 드러낸다. 바윗덩어리처럼 무겁게 우리의 길을 가로막는 정신적 상처도, 뾰족한 것으로 찌르는 것 같은 정신적 상처도 있다. 상처를 준 장본인이 누구인지 정확하게 인식하지 못하는 경우도 있으며, 분명하게 우리 눈앞에서 공격하는 가해자가 있기도 하다. 상처가 갈등이나 공격과 합해지면, 다투거나 도전을 할 때처럼 우리 내면에 스트레스가 발생한다. 그리고 우리는 이에 상응하는 스트레스 반응을 보인다. 이를테면 반사적으로 도망치거나, 아니면 우리 몸에 찔린 가시를 빼내서 상대에게 찔러주고 싶은 마음을 갖거나, 최소한 어떤 대꾸라도 하고 싶어진다. 온몸이 마비된 것 같아서 그 상황에 적절하면서도 똑 부러지는 말을 떠올리지 못하는 경우도 있다.

이러한 상황에서 곧바로 자신에게 벌어진 사태를 자세하게 파악하고 자신의 상처에 전념할 수 있는 사람은 많지 않다. 하지만 시간이 거의 없더라도 '상처'는 반드시 치료되어야 한다. 다음 고객이 우리를 기다리고 있고, 미팅에 늦지 않기 위해 서둘러야만 하며, 다른 일정들이 줄줄이 예약되어 있고, 하루 일과를 처리해야만 한다. 이렇게 삶은 계속된다. 상처받은 사람만

이 삶에 얽매여 살아가는 것이 아니다. 그가 기댈 수 있는 가까운 사람들과 친구들도 시간이 없기는 마찬가지다. 이러한 상황에서 가장 중요한 것은 우리 스스로 응급 처치를 하는 것이다. 그래야만 덜 괴롭고, 또 다른 상처가 다가오지 못하게 막을 수 있으며, 우리 앞에 놓인 과제들에 집중할 수 있다.

외면하지 마라

　우리가 상처받았다는 사실을 인식했다고 가정해보자. 물론 우리는 상처받았다는 사실을 아주 뒤늦게 깨닫는 경우가 많다. 상처를 받았을 때 가장 먼저 해야 할 일은 상처받았다는 사실을 실제로 인지하는 것이다. 상처받았다는 사실을 인정하고 우리의 고통을 묵과하지 않는 것이 중요하다. 과거에 그랬던 것처럼 모른 척하고 넘어가서는 안 된다. 바로 그 순간에 우리의 고통에 전적으로 전념하지 못한 경우라도 마찬가지다. 상처받는 일이 벌어지면 종종 우리는 이 사실을 인정하는 대신에 없던 일로 치려고 한다. 하지만 그래서는 안 된다. 상처받았다는 사실을 인식하고 나중에 차분히 이 사실을 다시 떠올리기로 자신과 약속해야 한다.

　또 한 가지 중요한 점이 있다. 자신과의 이러한 약속을 정말로 진지하게 받아들여야 한다는 것이다. 그렇게 하지 않으면 자신에게 실망하고, 그에 상응하는 내면적 갈등과 심적 분위기가 조성될 수 있다. 모든 실망은 또다시 상처가 되기 때문이다.

반드시 반응하라

고통의 순간에 너무 성급하게 반응하는 사람은 종종 더 많은 상처를 야기한다. 처음에는 다른 사람에게 상처를 주고, 결국에는 자기 자신도 상처를 입게 된다. 너무 서두른 나머지 부적절한 반응을 할 경우에는 상황이 악화될 수 있다. 우리는 갑작스럽게 정신적 상처를 받고 어떻게 해야 할지 모를 때 스트레스 상태에 빠진다. 스트레스 상태에 빠지면 거리를 두고 생각하지 못하며, 유머 감각과 함께 창의력도 사라진다. 그러므로 — 인간은 천성적으로 스트레스 반응을 즉시 하도록 만들어지긴 했지만 — 너무 성급하게 반응하지 않는 것이 중요하다. 신속한 반응은 네안데르탈인의 생존 수단으로나 적절할 뿐, 오늘날의 상황에서는 오히려 방해 요인이 된다. 갑작스럽고 즉흥적인 모든 반응은 정신적 상처를 받는 그 순간부터 모든 것을 악화시킬 뿐이다.

그러나 스트레스 상황에서 보이는 반응이 해가 될 수 있다고 해서 아무 반응도 하지 않고 상처를 참고 견뎌서는 안 된다. 상처를 받았다는 사실을 드러내는 것이 중요하다. 아무런 대꾸나 반응을 하지 않으면 상대를 더 기세등등하게 만들 뿐만 아니라, 상처를 노골적으로 감추다 보면 상대가 우세하다는 사실에 힘을 실어줄 뿐이다. 우리가 상처를 받았을 때 아무런 반응을 보이지 않으면 동의나 찬성, 또는 자신이 나약하다는 신호로 오해받을 수 있다. 상처를 받고 가만히 참기만 하면 상대를 자극하여 또 다른 공격이 되고 상처를 불러일으킬 수 있다. 그렇기 때문에 특별히 깊이 생각할 필요 없이 자동적으로 적용할 수 있는 문구를 마련해두면 도움이 된다. 이러한 문구는 어떤 경우에도 적용 가능하다. 또한 상대에게 공격적으로 느껴지지도 않으며, 나아가 상황을 악화시키지 않고서도 주의를 집중하고 방어태세에 돌입하도록 신호를 보낸다.

　이를테면 "무슨 뜻으로 한 말이에요?"라는 문구는 아주 적절한 표현이다. 당신이 이 질문을 한다고 해서 잘못하는 것은 전혀 없다. 이 질문에는 당신의 어떤 의중도 들어 있지 않으며, 모든 것을 열린 채로 두기 때문이다. 겉으로 침착함을 유지하면서 이 질문을 함으로써 당신에게 상처를 준 사람에게 일종의 행마行馬(바둑이나 장기에서 돌을 움직이는 것)를 강요하는 것이다. 나아가 이러한 질문을 던짐으로써 귀중한 시간을 벌게 된다. 당신에게는 약간의 시간이 필요하기 때문이다. 예를 들면 스트레스를 해소할 시간, 거리를 유지할 시간, 감정을 덜어놓고 상황을 관찰할 시간, 상황을 전반적으로 이해할 시간, 어떤 반응을 해야 할지 고민해야 할 시간 등이다.

"무슨 뜻으로 한 말이에요?" 당신은 이 문구를 항상 마음속에 간직해야 한다. 다음에 또 상처받는 상황이 닥칠 때 아무 말도 못 하고 가만히 있거나 서투른 반응을 보이지 않도록 이 말을 연습하는 것이 좋다. 예를 들면 창가에 서서, 아니면 뉴스나 토크쇼를 보면서 연습할 수 있다. 무언가 당신의 마음에 들지 않는 것이 있을 때마다 이 말을 연습한다. 혼자 있을 때에는 큰 소리로 말하는 것이 좋다.

위험에 처하거나 자신에게 해를 입히지 않고서도 무언가를 할 수 있는 이 방법은 확실히 마음의 짐을 덜어준다. 상대에게 속수무책으로 당하고 있거나 자신이 무력하다는 느낌도 줄어든다. 한마디로 자신을 방어한다. 이제는 상대가 조치를 취할 차례다. 이 질문을 받은 상대는 수세에 몰린다. 자신이 받은 질문에 대해 해명할 말을 준비하는 데 전념하기 때문이다. 이를테면 상대는 자기가 정말로 당신에게 상처를 주려고 그런 말을 했는지 생각하게 된다. 어쩌면 상대는 당신의 카리스마를 대하고는 한 발짝 물러나 사과할지도 모른다. 또는 당신의 질문을 받고 모든 것이 그저 오해였다고 망설임 없이 해명할 수도 있다. 아니면 그냥 웃자고 한 말이었다고 할지도 모른다.

이러한 질문은 또 다른 효과를 발생시킨다. 즉, 당신은 벌어진 사건에 대해 오랫동안 곱씹으면서 골머리를 앓을 필요가 없어지고, 이에 따라 상처가 아무는 시간도 짧아진다. 당신은 금방 마음이 홀가분해져서 다른 일에 매진할 수 있다. 나아가 시간적으로 삶을 계획할 수 있게 되어 삶의 질도 향상된다. 이 모든 것이 단순한 한 문장 덕분이다!

거리를 두어라

정신적 상처를 받았을 때는 문제의 사건을 객관적인 사실로 인정하는 것이 좋다. 여기서 실제로 벌어진 일은 무엇일까? 상처받은 사람이 상처를 받았다고 느끼고 이에 따른 반응을 하는 것은 사실이다. 그런데 상처받은 사람은 그러한 예사롭지 않은 상황에 처하면 실제로 일어나지 않은 일도 마치 일어난 일처럼 생각하기 쉽다. 상처를 받는 순간에는 과거의 경험과 기억 속에 존재하는 옛 고통이 종종 뒤섞이기 때문이다. 그러면 우리는 현재의 상황과 과거의 상황을 동일하게 인지하려고 한다. 없던 내용이 새로 채워지고 어긋난 내용이 누락된다.

이런 이유로 다음과 같은 질문을 해보는 것이 중요하다. 상대가 실제로 한 말은 무엇인가? 상대는 자신의 표정과 몸짓, 자세로 어떤 의도를 나타내려고 했는가? 상대의 원래 의도는 무엇이었으며, 상처받은 당신은 어떻게 이해하고 어떤 반응을 보였는가? 그리고 상대는 상처받은 당신의 반응에 다시 어떻게 반응하는가? 해당 사건으로부터 너무 멀리 벗어나지 않도록 적절한 거리를 두고, 상처 때문에 생기는 손해를 줄이는 것이 중요하다.

거꾸로 들여다보기

망원경을 늘 지니고 다닌다고 상상해보라. 망원경으로 들여다보면 모든 것이 당신의 눈앞에 가까이 보인다. 거리가 필요하다면 망원경의 반대쪽으로 들여다본다. 그러면 눈에 보이는 모든 것이 뒤로 밀려나 있다. 이와 동시에 시야가 넓어진다. 대개 상처를 받았을 때 이 영역은 수축되어 보이지 않는다. 이러한 방식으로 당신은 자신의 고통과 상처, 당신에게 상처를 준 사람뿐 아니라 그 이상의 것을 다시 인지하게 된다.

이처럼 망원경을 거꾸로 들여다보는 것은 벌어진 사건을 하찮게 생각하거나 축소하려는 것이 아니다. 사실이 뭔지를 보다 명확하게 인식해서 더욱 지혜롭고 의식적으로 상황에 대처할 수 있도록 내면의 거리를 더 확보하기 위함이다. 또한 현재의 상처와 과거의 상처를 비교했을 때 어떠한 차이가 있는지 최소한 조금이라도 의식하는 것이 중요하다.

이후에 소개하는 몇 가지 간단한 방법은 머릿속이 빙빙 돌거나 생각이 꽉 막히는 모든 상황에서 적용할 수 있다. 또한 정신적 상처를 받았을 때에도 유용한 방법이다. 동시에 당신의 고통을 잠깐이나마 내려놓을 수 있게 될 것이다.

잠시 옆으로 비켜서기

당신이 앉은 상태가 아니라 서 있는 상태에서 정신적 상처를 받았다고 가정해보라. 현재 서 있는 위치에서 옆으로 조금 비켜나 보라. 다시 말해 한 걸음 옆으로 옮겨가서 서는 것이다. 나는 대부분의 사람들이 자신의 위치에서 왼쪽으로 비켜설 경우 더 현저한 효과가 있음을 확인했다.

또 다음과 같이 한번 해본다. 상대가 당신을 공격한 이유가 무엇인지를 곰곰이 생각할 때, 생각하고 있는 그 상태에서 의식적으로 왼쪽으로 한 걸음 비켜선다. 이제 새로운 생각을 할 수 있을 정도로 머릿속이 조금 더 자유로워지지 않았는가?

이 방법은 일반적으로 생각과 감정, 신체 상태를 보다 의식적으로 다스리고 싶을 때에도 적합하다. 문제의 사건에서 잠시 벗어나겠다는 의도를 가지고 이 방법을 수행하면 효과가 더욱 크다. 서 있는 상태에서 여러 번 옆으로 비켜서기를 해보았다면, 앉아서 하는 것도 조만간 가능해진다. 처음에는 크게 한 걸음 옆으로 비켜서지만, 나중에는 앉아서든 서서든 다른 사람들 눈에 띄지 않게 아주 약간만 움직여도 효과가 있다.

창문을 통해 바라보기

당신이 잠깐 동안 자리를 비운다고 상상해보라(가장 좋은 때
는 "무슨 뜻으로 한 말이에요?"라는 질문을 던진 직후다). 그리고 발
코니나 테라스로 나가서 그곳에서 당신이 방금 전까지 머물렀
던 장면을 바라본다고 생각한다. 말하자면 밖에서 자신을 관찰
하는 것이다.

밖에서 장면을 다 바라보았으면, 이번에는 정반대로 해본다.
즉, 집 안으로 들어가서 창문을 통해 밖을 바라본다고 상상한
다. 원한다면 창틀에 고양이 한 마리가 있다고 상상해본다. 이
러한 상황에서 좋아하는 사람이나 강아지가 옆에 있거나 고양
이를 쓰다듬는 상상을 하면 마음이 훨씬 가라앉으며 눈에 띌
정도로 스트레스가 해소된다. 그 밖에도 상처를 받았을 때 느
끼는 감정, 즉 세상의 모든 험난한 일 앞에 홀로 외롭게 직면해
있다는 감정도 극복할 수 있다. 문제의 상황에서 뒤로 물러나
면, 당신의 상상 속에는 개나 고양이가 당신의 발치나 무릎 위
에 앉아 있을 것이다.

스트레스를 받으면 좌우 뇌가 더 이상 평소 때처럼 작동하지
못한다. 생존을 위해 필요한 프로그램이 가동되면서 우리가 알
고 있던 모든 내용들이 떠오르지 않는다. 예를 들어 어떤 하나

의 광경에 해당되는 개념이나 이름이 전혀 생각나지 않거나, 오히려 거꾸로 연결시키기도 한다. 이를테면 우리는 시험을 볼 때, 공부한 내용이 적힌 페이지를 시각적으로는 아주 정확하게 기억할 수 있다. 하지만 말로는 그 내용을 설명할 수 없고, 알고 있는 내용을 제대로 전달하지 못한다. 신체운동학Kinesiology은 교차 운동 등을 통해 좌우 뇌의 이러한 분리 작동을 해결해 주는 간단한 방법들을 제시한다.

스트레스 해소: 누운 8자 그리기

누운 8자(무한대를 상징하는 기호)를 그리면, 그리는 순간에 좌우 뇌가 금세 다시 결합된다. 종이에 누운 8자를 그려보는 실험을 해볼 수도 있다. 다음에 소소한 스트레스를 받을 때 한번 실험해보라.

당신에게 상처를 준 사람과 선을 긋기 위해, 상상 속의 벽면에 누운 8자를 그린다. 예를 들면 당신과 문제의 인물 사이에 투명한 유리벽이 있다고 생각하고 거기에 누운 8자를 그려본

다. 누운 8자를 그릴 때 되도록 중앙에서부터 시작하고, 왼쪽 위를 향해 원을 그리고 그다음에 오른쪽 위를 향해 원을 그린다. 이제 당신의 상상 속에서 누운 8자가 울타리처럼 서 있다. 하지만 소통은 가능하다.

또한 당신은 이 방법으로 일석이조의 효과를 거둘 수 있다. 즉, 예전이었다면 속수무책이었을 상황에서 이제는 위험에 처하거나 실수를 범하지 않고 무언가를 감행할 수 있다. 이로 말미암아 당신은 자신이 나약하지 않음을 느끼게 된다. 또 당신의 스트레스도 줄어든다.(또한 간접적으로 상대의 스트레스도 줄어들지도 모른다.) 그리고 문제 상황에서 벗어나 거리를 확보하고 선을 긋게 된다. 나아가 누운 8자는 조화를 나타내는 기호이며 에너지의 흐름을 상징한다. 당신에게도 효과적인 방법인지 한 번 시험해보기 바란다.

자기 몸과 가까워져라

다친 아이는 자기 쪽으로 주의를 환기하고 부모에게 신체적으로 가까이 다가가려 한다. 하지만 어른은 정신적 상처를 받았을 때 엄마나 아빠를 큰 소리로 부르지 못할 것이다. 그런데 만약 그러한 상황에서 믿을 만한 사람이 신체적으로 가까이 있고, 어렸을 때처럼 고통을 호소할 수 있다면 마음이 편안해지고 긴장이 풀릴 것이다. 어머니나 아버지가 어깨에 팔을 올려주거나 친구가 손을 가만히 잡아주는 등 이러한 신체 접촉은 마음을 진정시키고 상처를 견뎌낼 수 있는 힘을 준다. 또한 자신이 무방비 상태로 공격에 처해 있지 않다는 확신도 느끼게 해준다. 그런데 모든 사람에게 이러한 애착 인물이 존재하지는 않으며, 존재한다 해도 그들이 항상 곁에 있지는 않다. 언제나 그 자리에 존재하고 당신이 신뢰할 수 있는(또는 신뢰해야 하는) 유일한 사람은 바로 '당신 자신'이다.

당신이 갑작스럽게 상처를 받는 상황에서 자기 자신에게 스스로 신체적 접촉을 한다면 친밀한 다른 사람과의 신체적 접촉과 유사한 효과를 얻을 수 있다. 이상하게 들릴 수도 있는 말이지만, 누구나 서로 다른 처리 방식을 동시에 지니고 있다. 이를테면 우리 내면의 한 부분은 위험에 처한 아이처럼 반응하지만, 또 다른 한 부분에서는 아주 자신만만하게 정신적 상처에 대응하는 법을 알고 있다. 우리는 이러한 양면의 모습을 전부 가지고 있다. 그렇다면 상처받은 사람도 잠재적으로 이 두 가지 측면을 모두 발휘할 수 있을까? 물론 상처받은 많은 사람들의 경우 이 두 가지 측면이 내면적 갈등을 벌이고, 이로 말미암아 상처받은 당사자를 더욱 무력하게 만들 수 있다. 그러나 다음의 방법을 사용한다면 두 가지 처리 방식을 결합시켜 건설적으로 상호작용하도록 만들 수 있다. 말하자면 상처를 감당할 수 있는 당신 내면의 한쪽이 상처받은 쪽을 보호하고, 기댈 수 있는 버팀목이 되어주는 것이다. 그러면 아이다운 반응 방식이 우위를 차지하거나 어른스러운 반응 방식이 아이다운 반응 방식을 억압하는 일 따위가 발생하지 않는다. 당신이 '느끼는' 능력만 있다면 이 방법은 놀라울 정도로 간단하다.

의식적으로 자기편이 되다

평소에 자주 사용하는 손(왼손잡이일 경우에는 왼손)을 다른 쪽 손이나 다른 쪽 팔 위에 올린다. 이때 의식적으로 애정을 담는다. 마치 친구에게 너는 혼자가 아니며 내가 너의 편이 되어 돕겠다는 마음을 표현하듯이 말이다. 부드럽고 사랑스럽게 누르되, 약간 세게 눌러도 된다. 원한다면 친구에게 말하듯이 자기 자신의 편이라고 말로 표현한다.

이와 같은 의도를 품고 앉은 상태에서 손을 허벅지에 올리는 것도 또 하나의 방법이다. 시간이 조금 지나면 아늑한 온기가 느껴질 것이다. 이 온기로 말미암아 외부 자극으로 인한 긴장이 완화될 뿐만 아니라, 당신의 몸이 하나로 결합되어 있다는 좋은 느낌도 들 것이다.

자기 자신을 어루만지는 이러한 행동은 다른 사람 눈에 평범하게 보이지는 않을 것이다. 하지만 당신 자신에게는 매우 강한 효과가 나타나며 큰 도움이 된다. 또한 당신이 자신을 옹호하고 보호해야 하는 또 다른 상황에 처하거나, 외부의 자극으로 자신을 잃어버린 것 같은 느낌이 들어서 자신과 다시 신체적 접촉을 하고 싶을 때에도 효과가 있다. 이 방법은 아주 간단해서 즉시 실험하고 적용하는 데 방해가 되는 요소는 전혀 없다.

사람들은 깜짝 놀랐을 때라든지, 아주 큰 기쁨을 느낄 때, 아니면 큰 용기를 내야 할 때 갑작스럽게 자기 가슴에 손을 올린다. 또 자신에게 중요한 문제를 분명하게 설명할 때에도 손을 가슴 위에 얹는다. 손과 가슴이 맞닿는 느낌은 우리의 마음을 강하게 만들어주며, 정신적 상처를 받았을 때에도 마음을 진정시켜준다.

손을 가슴 위에 얹기

한 손을(양손을 동시에 올려도 무방하다.) 가슴 위에 얹고, 손과 가슴이 맞닿는 느낌에 집중한다. 이때 온기와 힘, 안정감, 또는 가슴이 탁 트이고 홀가분함이 느껴진다면 정신적 상처를 받은 후에 이 방법으로 마음의 짐을 덜기 위한 준비를 하는 것이 좋다. 이 방법을 사용하면 수축되고 긴장된 가슴 부위를 다시 이완시킬 수 있다. 이와 동시에 자기 자신을 사랑스럽게 어루만지도록 한다.

아주 간단하면서도 마음을 매우 편안하게 진정시켜주는 효과가 있는 이 방법을 여러 번 성공적으로 시험해보았다면, 이번에는 정신적으로 시도해본다. 다시 말해 그저 머릿속으로만 상상해보라는 뜻이다. 손으로 계속 이 책을 들고 있으면서, 머릿속으로 손을 당신의 가슴 위에 얹거나 당신의 가슴이 부드럽게 당신의 손을 잡는 상상을 한다. 정신적 상처를 받은 직후처럼 마음이 힘든 상황에서 다른 사람이 옆에 있다면 이렇게 상상으로 하는 것이 적절하다.

감정을 받아들이고 존중하라

아이는 고통스러운 일을 당하는 상황에서 부모나 다른 어른의 도움과 보호를 받기 위해 자신에게 주의를 집중하도록 만든다. 아이는 그렇게 하는 것이 아주 당연하다. 자기를 스스로 도울 수 없기 때문이다. 그래서 자신의 고통을 큰 목소리로 표현하고 드러낸다. 하지만 어른의 경우에는 사정이 다르다. 어른이 정신적 상처로 인한 자신의 고통을 숨김없이 표현하면, 경우에 따라서 그 사람의 약점이 드러나고 상처를 쉽게 받는다는 중요한 정보가 유출된다. 한 사람의 약점은 대개 위계질서 안에서—보다 정확히 표현하자면, 서열상으로—그 사람이 한참 아래 위치에 있도록 만든다. 그래서 일반적으로 고통을 더 참고 감추려고 하는 것이다.

어린아이는 자신의 고통을 드러낸다. 하지만 나이가 들면서 더 이상 고통을 그 자리에서 충동적으로 표현하면 안 된다는 것을 배운다. 어느 정도 자라서 청소년이 되면 자기가 더 이상 아이처럼 보이는 것이 싫어서 용감해지고 싶어 하며, 쿨한 성격임을 드러내 보이려고 한다. 성인은 오로지 몇몇 가까운 사람에게만 솔직하게 자신의 고통을 드러낼 수 있다. 그렇게 되려면 상호 간의 존중과 신뢰, 무조건적인 수용이 전제 조건이 되어야 한다. 반면 공공장소, 특히 직장이나 경쟁자들 사이에서 자신의 고통을 솔직하게 드러내면 대체로 불리한 상황으로 이어지는 경우가 많다.

어른이 되어가는 과정에서 배우는 이러한 교훈, 즉 고통은 더 이상 충동적으로 표현하면 안 된다는 교훈은 가끔씩 잘못 이해되기도 한다. 그래서 자신의 감정을 더 이상 인지하지 못하거나 억누름으로써 오히려 일을 그르치게 된다. 감정을 받아들이고 존중하며, 삶의 방향 설정을 위해 현명하게 사용하는 것, 모든 상황에서 매번 상대를 향해 감정을 여과 없이 직접적으로 드러내고 표현하지 않는 것, 이것이야말로 정말로 우리가 배워야 하는 교훈이다. 청소년의 경우 자신의 감정을 의식적으로 다스리고 감정에 휘둘리지 않는 법을 배우는 것이 좋다.

성급한 대화는 피하라

정신적 상처를 받은 사람은 자신에게 상처 준 사람과 한번 만나서 이야기를 나누어보라는 조언을 종종 듣는다. 이러한 조언은 처음에는 아주 그럴듯하게 들린다. 하지만 많은 사람들이 하는 이야기를 들어보면, 상처 준 사람과 대화를 나누는 도중에 또다시 격렬한 논쟁이 오가면서 또 다른 상처를 받게 된다고 한다.

상처를 쉽게 받는다는 사실을 솔직하게 인정할 경우, 상대는 이 사실을 그 자리에서 또는 나중에, 아니면 다른 맥락에서 악용하여 의도적으로 더 깊은 상처를 줄 수 있다. 여기서 중요한 것은 정도의 문제다. 다시 말해 우리는 정신적으로 깊은 상처를 주는 사람에게 어느 정도로 솔직할 수 있을까?

대화를 하려고 노력하다 보면 종종 갈등상태에 처한다. 말하자면 한편으로는 되도록 갈등을 빨리 없애는 것이 유리하지만, 결국 갈등상태에서는 문제가 여전히 진행 중이기 때문에 많은 해명을 하는 것이 오히려 도움이 되지 않는다. 상처를 오래 참을수록 상황은 더 힘들어진다. 상처받은 사람이 너무 오래 참으면 결과적으로 남들로부터 소심한 사람, 관대하지 못한 사람으로 규정될 수 있다. 또 상처받았다는 이야기를 아주 뒤늦게 꺼낼 경우, 괜히 문제를 끄집어내서 확대하고 불평만 하는 사람으로 낙인찍힐 수 있다. 다른 한편으로 상처받은 사람이 아직 자신의 상처에 대해 충분한 내면적 거리를 확보하지 못했을 경우, 갈등을 없애기 위한 대화는 의미가 없다. 또한 상처받은 사람이 여전히 스트레스를 받으며 자신이 무력하다고 느끼는 한, 대화를 해봤자 소용이 없다.

그렇다면 상대는 어떤 기준을 충족시켜야 바람직할까? 그에게는 신뢰하는 마음과 공정한 태도가 필요하며, 상처받은 당사자의 이야기를 편견 없이 잘 들어줄 수 있어야 한다. 그런데 다른 사람에게 상처를 준 모든 사람이 이러한 기본 조건을 충족시키지는 못한다. 그 밖에도 이러한 조건은 특정한 대화 기술이나 문제 해결 기술을 적용하기 위한 전제 조건이 되기도 한다. 엄밀히 따져보면 상처를 준 사람과 받은 사람 모두 이러한 기술을 잘 알고 있지만, 제대로 사용하지 못하는 경우가 많다.

> 브리타 ― 제 올케 언니는 제가 교묘하게 자기를 무시하려고 한다는 말로 늘 대화를 끝냈어요. 제가 잘난 척한다는 거예요. 또 제가 하는 모든 말이 잘난 척하기 위한 것이래요. 그리고 문을 쾅 닫고 나가버리죠.

상처를 제한하라

깊은 상처를 받은 사람은 오로지 자신의 괴로움만 느끼기 마련이다. 이 상황에서는 평소 보이던 모든 것이 보이지 않는다. 극단적인 경우 그 자신이 스스로 고통이 되고, 오로지 고통이 그를 지배한다.

고통이 당사자의 모든 것을 수축시키기 때문에 이를 막기 위해서는 반대로 이완시킬 수 있는 것이 도움이 된다. 또한 생각과 인지력을 넓히는 것도 도움이 된다. 그렇게 해야 비로소 상처를 상대화할 수 있으며, 더 큰 맥락에서 상처를 바라보고—모순적으로 들릴 수도 있겠지만—제한할 수 있다.

나와 아주 친한 한 친구가 저녁 초대 모임에서 눈에 띌 정도로 우울해보였다. 무슨 일이 있냐고 묻자 그는 그날 자기가 겪은 일을 하소연했다. 의사인 그는 일주일 전 인터넷의 한 리뷰 사이트에서 아주 나쁜 평가를 받았고, 그 때문에 지금까지 받은 평가 점수의 평균이 확 떨어졌다는 것이다. 그는 나쁜 점수를 다시 높이 끌어올리려면 앞으로 '아주 좋음' 평가를 얼마나 더 많이 받아야 하는지를 조목조목 따지면서 설명했다. 또 앞으로 자기 병원을 찾는 환자도 줄어들 것이라고 걱정했다.

그를 더 고통스럽게 한 것은 손쓸 방법이 없다는 것이었다. 그의 명예를 훼손한 이 평가가 익명으로 이루어졌기 때문이다.

그는 리뷰 사이트의 운영자에게 문의를 해보았지만 운영자는 '자유로운 의사 표현'이라는 법적 근거를 구실로 삼았다. 하지만 친구의 눈에는 '자유로운 의사 표현'이라는 것이 정당한 근거도 없이 유포되는 비방과 사업상의 피해로 비춰질 뿐이었다.

그날 나를 비롯한 초대받은 손님들의 저녁 식사 분위기를 망쳐놓을까 봐 나는 그에게 작은 메모지에 다음과 같은 그림을 그려주었다.

나는 이와 같은 그림을 그린 후, 그에게 어느 영역에 상처를 받았는지, 여전히 온전하게 존재하는 삶의 영역은 무엇인지, 다

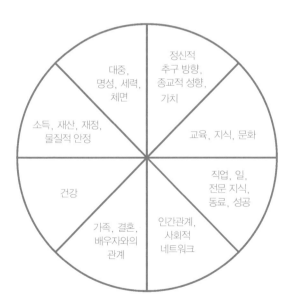

시 말해 어느 영역이 상처의 영향을 받지 않았는지를 물었다.

그가 상처받은 영역은 '대중, 명성, 세력, 체면'의 영역이었다. 다른 영역은 상처받지 않았다. 특히 '직업' 영역에 타격을 받지도 않았다. 좋지 않은 평가를 받은 이후로 그의 병원이 손실을 보지도, 환자들이 진료를 취소하지도 않았기 때문이다.

이를 확인한 뒤 친구의 긴장이 점점 풀리는 것이 확연하게 보였고, 동석한 다른 사람들처럼 그도 편안하게 저녁 식사를 즐길 수 있었다.

당신이 그림에 그려진 8개의 영역을 기억한다면(이보다 더 많은 삶의 영역이 존재한다는 생각이 떠올라도 이 8개 영역이면 충분하다.) 당신도 이 의사처럼 정신적 상처가 삶의 다른 영역으로 확산되지 않도록 재빨리 선을 그을 수 있다. 이 방법을 적용하면 당신에게 유익하다. 계산법은 아주 단순하다. 즉, 상처받은 영역을 제한하면 자신이 무기력하다고 느끼면서 괴로워하는 시간, 짜증 나고 화나는 시간, 다른 즐거운 일이나 유익한 활동에 집중하지 못하는 시간을 현저하게 줄일 수 있다. 그렇게 하면 퇴근 후의 자유 시간을 망칠 필요도, 잠을 설칠 필요도 없다.

정신적 상처의 여파가 큰 화재가 난 것처럼 얼마나 쉽게 파괴적으로 확산될 수 있을지를 상상해보라. 이를테면 위의 사례에 등장하는 의사가 동기를 상실하고 일도 더 이상 열심히 하지 않으며 실수를 범한다. 그리고 투덜거리며 집에 돌아와서는 온갖 짜증과 화를 낸다. 그러다가 이혼을 하게 되고, 이혼은 막대한 재정적 손실을 가져온다. 슬픈 마음에 그는 술을 마시기 시작하고, 술이 그의 건강에 악영향을 끼친다. 게다가 그의 환자들이 이 사실을 알고 하나둘 그를 떠난다…….

정신적 상처와 손해를 적시에 제한하는 이러한 간단한 방법은 어떠한 상황에서든 응급 조치로 사용될 수 있다. 이로써 삶의 다른 영역들이 함께 피해를 당하지 않도록 마음의 불씨를 잠재울 수 있다.

정신적 상처의 충격을 공간적으로 지정하고 제한할 수도 있다. 가족에게 정신적 상처를 받을 경우에는 의식적으로 직장 영역을 안정적으로 느끼거나 최소한 상처의 피해나 영향이 미치지 않은 곳으로 인식할 수 있다. 마찬가지로 직장에서 정신적 상처를 받을 때에도 가정을 의식적으로 당신이 기댈 수 있는 버팀목이자 자신을 보살필 수 있는 장소로 인식할 수 있다.

버림받고 고립되었다는 것은

오직 당신의 생각이다

　퇴근 시간이 다가올 때, 초대한 손님들이 집으로 돌아갈 때, 아니면 정신없이 아이들을 돌보다가 점점 평온을 되찾을 때에 정신적 상처에 대한 고통이 다시 고개를 든다. 이때 찾아오는 정신적 상처에 대한 고통은 좀처럼 밀쳐내기 어렵다. 당신이 아무리 무시하려고 노력해도 오히려 더 마음에 걸리고 신경이 쓰인다. 고통이 고개를 쳐들도록 내버려두면, 그날 저녁 시간을 완전히 망치게 되고 밤에는 한숨도 잘 수 없다. 고통이 잠재의식 속에서 오랫동안 자리 잡고 떠나지 않을 경우 상황이 더욱 심각해질 수 있다. 그러므로 너무 오랫동안 내버려두지 않는 것이 좋다.

　아마도 지금 당신은 응급 처치에 관해 앞 장에서 제시된 이런 저런 방법을 일괄적으로 적용하고 있을 수도 있겠다. 또한 이 장에서 곧 제시될, 좀 더 많은 시간과 침착함이 필요한 다른 방법들을 사용할 용기를 얻었을 수도 있다. 좀 더 깊이 들어가는 이 기술들을 사용하기 위해서는 앞 장에서 기술된 방법들이 필요하다. 앞에서 기술된 방법을 사용하여 당신은 자신의 상처에 대한 거리감을 확보할 수 있다. 또한 앞에서 말한 것처럼 상처를 실제로 타격을 받은 삶의 영역으로만 제한하는 것이 좋다. 그렇게 해야 당신의 괴로움을 불필요하게 확대하지 않고 핵심 주제에 집중할 수 있으며, 당신의 상처와 고통을 직면할 수 있다. 또한 이 방법들을 반복하기 위해 휴지기를 기회로 이용하는 것이 현명하다. 그래야 당신이 이 방법들에 빨리 친숙해지고 삶의 모든 상황에서 응급 처치로서 언제 어디서나 즉시 소환하여 사용할 수 있게 된다.

후퇴할 것인가, 다가갈 것인가

정신적 상처를 받은 사람은 마음속에서 상반된 두 가지 충동을 느낄 수 있다. 하나는 이 세상과 모든 사람들에게서 물러나고 싶은 충동이다. 병들어서 숨어 지내는 동물처럼 말이다. 또 다른 하나는 ― 어렸을 때 부모에게 그랬듯이 ― 다른 사람들에게서 은신처를 찾고, 그들에게 자신이 당한 이야기를 하여 그들을 끌어들임으로써 마음의 짐을 덜고 싶은 충동이다. 이때 심지어 어떤 사람들은 그들을 자기편으로 끌어들여 아군으로 만들기까지 한다.

둘 중 어떤 충동이 우위를 차지하는지는 그 사람이 살아온 개인사, 상처와 상황의 양상과 관련이 있다. 자신이 속한 내집단In-group에서 상처받은 사람은 피하고 숨으려는 경향이 있으며, 자신이 속하지 않은 외집단Out-group에서 상처받은 사람은 주로 가족이나 자신이 속한 집단 곁으로 다가가려고 한다. 성별도 중요한 역할을 한다. 우리 사회에서 남성은 고통을 잘 드러내려고 하지 않으며 다른 사람에게 이야기하는 경우도 드물다. 오히려 상처를 감추려고 하며, 그렇게 하는 것이 불가능할 때에는 차라리 뒤로 후퇴한다. 반면 여성은 다른 사람들에게 가까이 다가가서 솔직하게 이야기하며, 자신에게 일어난 일을 직접적으로 말한다.

덧붙여 말하자면 여기서 후퇴란 반드시 공간적으로, 그리고 구체적으로 후퇴하는 것만을 의미하지는 않는다. 상처받은 사람은 마치 달팽이가 자기 집으로 들어가듯이 자기 내면으로 숨어들고 외부를 향해 자신을 폐쇄할 수 있다.

상처받은 사람은 어느 정도까지 자신의 고통을 숨길까? 또 자기 내면의 어떤 측면과 자신을 동일시할까? 이를테면 겉으로 평정을 유지하려고 하는 측면과 동일시할까, 아니면 상처받고 후퇴하는 측면과 동일시할까? 아니면 자신에게 존재하는 이 두 가지 측면을 모두 붙들고 서로 일치시키면서 긴장감을 감수할까? 이 두 가지 측면은 서로 어떤 관계인가? 한쪽이 다른 한쪽을 없애려고 하는가? 겉으로 의연한 척하려는 측면이 다른 측면에 압력을 행사할까? 아니면 상처받은 측면을 조심스럽게 보호할까?

정신적 상처를 받은 사람의 반응은 종종 단계별로 진행된다. 이를테면 처음에는 후퇴하고 싶다는 마음이 우위를 차지한다. 그러다가 어느 정도 생각하는 시간을 거친 후에는 점차 내면적인 해결 단계로 넘어가고, 그다음에는 다른 사람에게 마음을 터놓고 싶은 욕구가 생긴다. 또 어떤 사람은 상처받은 즉시 친밀한 사람과 접촉하고 대화를 하려고 한다. 이렇게 깊이 생각하지 않고 갑작스럽게 다른 사람에게 이야기를 하는 사람들도 피할 수 없는 것이 있다. 바로 자기 자신에 대한 애정과 자신의 정신적 상처를 내면적으로 가공하는 것이다.

나를 살피며 안정감을 되찾는다

정신적 상처를 받은 후에 배우자나 다른 가까운 사람들 품에 안길 수 있다는 것은 참으로 다행이다. 하지만 누구나 이렇게 친밀한 사람이 주변에 존재하는 행복한 상황에 처해 있지는 않다. 그리고 만약 바로 이러한 친밀한 사람에게서 상처를 받는다면 어떨까?

많은 사람들은 정신적 상처를 받는 순간에 자신이 버림받은 느낌, 고립되었다는 느낌을 동시에 갖는다. 심지어 어떤 사람은 세상 사람들 모두가 작당하여 자신을 공격하고 자신에게 상처를 주려고 한다고 생각한다. 이러한 인상을 비롯하여 상처받은 사람이 하는 모든 생각은 스스로를 더욱 냉담한 사람으로 만들고, 상처로 인한 화보다 더 큰 분노를 일으키게 만든다. 그렇게 되면 자신의 주변 세계와 주위 사람들, 심지어는 가까운 친구에 대해서도 방어적 입장을 취할 위험에 빠진다. 점점 더 스스로를 고립시키는 것이다. 그러므로 상처를 받았을 때 스스로 유념하지 않으면 위와 같은 행동을 하게 되고, 결국 모든 사람이 등을 돌린다. 그 결과 당사자는 자기의 생각이 옳았음을 다시 확인하면서 악순환이 계속된다.

이러한 행동은 상이한 방식으로 나타날 수 있다. 한편으로는 실제로 모든 사람이 등을 돌리고 혼자 남겨졌던 과거의 시나리오가 반복되는 것일 수 있다. 그러면 이러한 경험이 마치 하나의 프로그램처럼 자리 잡는다. 다른 한편으로는 '내 편이 아닌 사람은 모두 적'이라는 모토에 따라 일종의 테스트를 해보기 위해 이러한 행동을 연출할 수 있다. 스트레스 상태에서는 이렇게 단순한 생각이 맞을 수도 있다. 심지어 어떤 사람은 '모든 사람을 상대로 혼자' 싸우면서 자기 자신이 용감하고 영웅적이라고 느끼기도 한다.

정신적 상처를 받는 순간에 자신의 고통에 어떻게 반응을 하는지와 상관없이, 상처를 받은 이후라도 상처의 효력을 약화시키고 완화할 수 있다. 말하자면 — 응급 처치뿐만 아니라 — 자기 자신에게 직접 신체적으로 느낄 수 있는 버팀목을 제공하면 된다. 아이가 고통에 빠졌을 때 부모의 보호를 받고 있다는 사실을 느끼면 긴장이 풀리면서 고통을 참을 수 있는 것처럼, 어른도 이러한 친밀감을 건설적인 방식으로 직접 자기 자신에게 제공할 수 있다. 자기 자신의 손으로라도 온기를 느끼는 것은 도움이 된다. 이를테면 상처를 받았을 때 차분하게 집중을 하고 의식적으로 자신의 한 손을 다른 손이나 다른 팔 위에 올린다. 양손을 배나 허벅지에 두면 고통을 받는 상황에서 나 자신이 스스로 곁에 있다는 느낌이 훨씬 크게 다가온다. 특히 자신의 몸을 직접 양팔로 감싸 안은 상태에서 한동안 가만히 그 자세를 유지하면 효과가 크다. 이때 몸을 좌우로 흔들면 더 큰 효과가 나타난다. 이러한 동작은 어머니의 자궁 속에 있었을 때를 상기시킨다. 어머니의 자궁 속에서는 아무리 멀리 움직여도 사랑과 안정감을 느끼듯이, 자신의 몸을 양팔로 감싸 안을 때에도 스스로를 꼭 지키고 있는 것처럼 느껴진다.

많은 사람들은 정신적 상처를 받았을 때처럼 힘든 상황에서 자기 자신을 사랑하는 것을 어려워한다. 거리감을 가지고 자기 자신을 낯선 사람처럼 외부에서 바라보면 자신을 훨씬 더 잘 이해할 수 있다. 그러면 낯선 자기 자신과 연대감이 느껴지고, 자신의 어깨에 손을 올리게 된다. 특히 스스로를 껴안음으로써 고통에서 완전히 벗어나면 마음이 더 큰 폭으로 가라앉으며, 어렸을 때 부모의 품 안에서 느꼈던 안정감을 느끼게 된다.

의식적으로 몸을 낙하시키기

어렸을 때 부모에게 했던 것과 똑같이 누군가에게 내 몸을 맡길 수 있겠는가? 그렇지 못하다면 집에서 팔로 자기 몸을 껴안고 소파나 안락의자, 또는 침대에 쓰러지듯 자기 몸을 낙하시켜 보라. 이때 자기 몸의 중력을 느끼면서 모든 긴장감을 내려놓는다. 이렇게 하면 당신의 고통과 슬픔을 의식적으로 허용할 수 있다. 몸이 가라앉을 때의 느낌에 집중하라. 이때 눈물이 난다면 그것은 최고의 선물이 될 수 있다. 당신이 자신의 감정을 허용함으로써 감정이 서서히 해소된다. 물론 가끔은 시간이 오래 걸릴 수도 있다.

이렇게 자기 자신 안으로 몸을 수축시키는 방식을 수행하면 모순적인 반대 현상이 나타난다. 즉, 어느 정도 시간이 지나면 당신에게 다시 에너지가 생기고, 몸을 일으켜 쭉 펴서 움직이고 싶다는 생각이 든다. 또 세상도 조금 달라져 있는 것처럼 보인다. 이제 당신은 자신의 삶을 새롭게 대면할 수 있다는 믿음을 가질 수 있다. 그렇다고 너무 서두르거나 재촉하지 말고, 마음 속에서 저절로 그런 마음이 생기도록 하는 것이 좋다.

이 방법은 상황이 악화되지 않도록 예방할 수 있다. 고통과 그에 대한 반응이 점차 약해지고, 스트레스도 확실히 급속도로 해소된다. 이 방법을 사용한 대부분의 사람들은 확실히 긴장감이 줄어들었다고 말한다. 또한 이 방법을 사용한 후에 '이성을 잃는' 일도 줄어들었으며, 자신이 무력하다는 생각도 예전보다 덜하며, 더 명석해지고 원기가 왕성해졌다고 말한다.

이완하고 팽창하기

상처를 받는 순간에 발생하는 몸의 수축 현상은 오랫동안 지속될 수 있다. 고통과의 연결 고리가 여전히 존재하고, 고통이 해소되지 않은 채 지속될 경우 긴장감도 사라지지 않고 계속 남아 있다. 문제의 사건을 떠올릴 때마다 근육이 다시 수축된다. 이로 말미암아 당사자는 의기소침해지고, 그 결과 그의 감정과 생각에 또다시 좋지 않은 영향을 준다. 그러므로 정신을 바짝 차리지 않으면 계속되는 악순환에 빠지며, 삶의 영역이 점점 더 줄어들게 된다. 이때 체조에서 많이 하는 스트레칭과 깊게 하품하는 방법이 도움이 될 수 있다. 아니면 의식적으로 몸을 크게 확대하고 팽창시키는 연습이 도움이 된다.

몸을 크게 늘리기

의식적으로 자신의 긴장 상태를 더 강화하고, 몸을 더 수축시켜 보라. 이 상태를 몇 초 동안 유지한다. 그런 다음 몸이 완전히 늘어질 때까지 긴장을 풀어보라. 이때 자신의 무게와 땅이 끌어당기는 느낌이 들 것이다.

어느 정도 시간이 지나면 몸을 일으키고 싶다는 충동이 생길 것이다. 그러면 몸을 펴고 사지를 쭉 뻗는다. 그리고 당신의 몸 안에서 새롭게 꿈틀대는 에너지를 인지한다. 몸을 움직이고 싶다는 충동이 생기면 그 충동에 응하라. 또 자기 몸과의 접촉을 상실한 느낌이 들어도 조금씩 움직여보라. 그리고 이렇게 하는 것이 당신에게 얼마나 이로운지 느껴보라.

여기서 한 단계 더 나아갈 수도 있다. 즉, 몸의 모든 세포 하나하나가 조금씩 확대되고 몸이 팽창한다고 상상해보라. 마치 따뜻한 온천 물에 몸을 담갔을 때처럼 말이다. 실제로 온천을 갈 수 있다면 훨씬 더 좋은 자기 치유책이 될 수 있다. 온천에 가지 못한다면 집에서 따뜻한 물로 목욕을 하는 것도 좋다. 따뜻한 물속에서는 몸이 이완되고 팽창하는 효과가 더 강하다.

우리를 가격하는 모든 정신적 고통은 우리 가슴에 안착된다.

그러므로 가슴을 보살피는 것이 좋다. 이를테면 가슴의 긴장을 완화하고 튼튼하게 하여 가슴을 다시 활짝 펼 수 있게 만드는 것이다.

어떤 사람들은 고통을 느낄 때 가슴 부위에 옥죄는 증상을 크게 심호흡을 함으로써 없애보려고 한다. 하지만 심호흡은 거친 호흡을 진정시키는 효과만 있을 뿐, 경련이나 경직 증상은 그대로 남아 있다. 이럴 때 가능하다면 다음에 기술하는 방법을 한번 시도해보라. 단, 다음에 나오는 기술들을 사용할 때 지켜야 할 중요한 사항이 있다. 빨리 확실한 효과를 보겠다는 생각에 의도적으로 너무 앞서 나가려고 하지 말아야 한다.

가슴 부위를 팽창시키기

양손 손바닥을 약 1센티미터의 간격을 두고 가슴 위로 갖다 댄다. 그리고 늑골을 살짝 느껴본다. 이때 손이나 당신의 가슴을 움직이지는 않는다.

이제 가슴과 손 사이의 공간을 아주 천천히 넓혀본다. 양손을 가슴으로부터 밀리미터 단위로 아주 조금씩 천천히 떼어내면서 가슴 부위에 생기는 효과에 집중한다. 그런 다음 양손을 아래로 내려놓는다.

조금 후에 앞에서 했던 동작을 반복한다. 대부분의 사람들은 자신의 호흡 리듬에 따라 손을 움직인다. 하지만 손을 호흡과는 무관하게 훨씬 천천히 움직이는 것이 좋다. 이렇게 하다 보면 가끔씩 훨씬 더 깊고 편안한 호흡을 하게 되며, 더 자유롭다는 느낌도 받을 수 있다.

❥ 가만히 있지 않고 무엇이든 해야 상황이 변한다 ❥

힘든 상황에서 벗어나기 위해 스스로 무언가를 할 수 있다는 사실만으로도 이미 그 상황을 변화시킬 수 있다. 문제 상황에서 당사자가 할 수 있는 일이 항상 많은 것은 아니지만, 스스로 무언가를 감행함으로써 자신이 무력하다는 느낌을 반감시킬 수 있다. 당사자는 일종의 내면의 스위치를 소극에서 적극으로 전환시키고, 이로 말미암아 더 이상 피해자가 되지만은 않는다. 그는 자기효능감Self-efficacy(어떤 상황에서 적절한 행동을 할 수 있다는 기대와 신념—옮긴이)이 얼마나 효과적인지 인식하며, 나아가 자신이 사용한 방법이 가져오는 구체적 효력으로부터 이득을 본다. 또한 특수한 기술을 집중해서 사용하다 보면 자신의 상태도 변화한다. 다시 말해 마음이 더 차분해지고 정신이 맑아진다.

쌓인 분노와 에너지를 어떻게 할 것인가

정신적으로 상처받은 사람은 몹시 흥분하기 때문에 마음을 진정시키고 어떤 조치를 취할 정도의 상태에 이르지 못하는 경우가 많다. 상처가 마치 자신을 향한 공격처럼 작용하기 때문에 자신에게 상처 준 상대에게 분출할 에너지를 끌어모아 전투 태세를 갖춘다. 하지만 일반적으로 가해자와 피해자 사이에는 이미 불균형한 세력 관계가 존재하고 있기 때문에 제대로 된 격투를 벌이지 못한다. 특히 다행스러운 것은 국가가 이러한 비합법적인 사적 제재를 금지하고 있다는 점이다.

물론 이렇게 쌓인 분노를 자기보다 약한 사람을 향해 표출하는 것이 가장 간단한 방법일 수 있다. 예를 들면 장군이 장교에게 훈장을 수여하다가 무시를 당하고는 장교를 혼낸다. 혼이 난 장교는 하사를 괴롭히고, 하사는 병사들에게 못되게 군다. 병사는 아내에게 화풀이를 하고, 아내는 다시 아이를 혼낸다. 아이는 개한테 화풀이를 하고, 개는 고양이한테 으르렁댄다. 고양이는 쥐에게 화풀이를 하려고 쥐를 잡으러 간다……

상처받은 사람은 항상 천사처럼 행동할 수 없다. 몇몇 피해자들은 다른 사람에게 짓궂은 행동으로 화풀이를 하기도 한다. 그런데 자신에게 쌓인 고통을 다른 사람에게 전가하려면 어쩔 수 없이 자기 자신에게도 손상을 가할 수밖에 없다.

종종 상처받은 사람은 자신도 모르는 사이에 어떤 틈새를 통해 자신의 고통을 조금이나마 경감시키려고 한다. 우악스럽게 행동하는 것도 같은 맥락이다. 이를 통해 막혔던 에너지가 조금이라도 다시 흐르고, 게다가 기쁜 감정과 결합되면 어쨌든 마음이 홀가분해짐을 느낀다. 가끔은 마음이 홀가분해진 사실을 전혀 느끼지 못하거나 인정하려고 하지 않는 사람도 있다. 이런 경우 그는 무관한 사람들에게 불친절하게 반응한다. 아니면 잘 못하여 실수를 범하거나 부적절한 발언이나 듣기 좋은 말을 하기도 한다. 그런데 자세히 들여다보면 이러한 발언에는 완전히 다른 뜻이 담겨 있고, 실제로 상대가 오해할 수도 있다.

이러한 일이 발생하지 않으려면 정신적으로 상처를 받았을 때 쌓인 에너지를 이성으로 제어하려고 노력해야 한다. 하지만 그렇게 하기란 힘들며, 조심하지 않으면 이 에너지가 자칫 자신에게 향할 수 있다. 욱하고 화를 잘 내는 사람은 먼저 이 에너지를 조금이라도 감소시켜야 다른 곳으로 흐르게 할 수 있다.

이를 위해서는 운동이 많은 도움이 된다. 숲속을 달리거나 헬스클럽에 가서 운동을 하면 과잉으로 쌓인 에너지를 급속히 감소시켜주고 에너지가 다시 흐르도록 해준다. 이와 동시에 움직임은 문제의 사건과 거리감을 갖게 해준다. 예를 들어 달리기나 수영을 할 때는 자동적으로 자신의 몸과 움직임, 호흡에 집중하며, 그 결과 정신이 매우 맑아진다. 이른바 이러한 '정화' 작용이 일어난 후에 당사자는 상처를 새롭게 직면하고 애프터케어 Aftercare를 추진할 수 있다. 운동을 한 후 상처의 독을 씻어낸다는 생각으로 샤워를 하면 효과를 더욱 증진할 수 있다.

이렇게 마음의 고통을 경감시키기 위해 운동을 할 만한 여력이 되지 않는다면, 활동적인 산책도 비슷한 효과를 낼 수 있다. 산책을 할 때에는 한 가지 규칙에 유념해야 한다. 즉, 걷는 동안에는 상처를 생각하지 않는 것이다. 산책할 때 자신의 몸에 완전히 집중한다면 이 규칙을 더 쉽게 지킬 수 있다. 자기 몸에 집중하기가 어려운 사람은 눈에 보이는 모든 것에 인지의 초점을 맞추면 된다. 그렇게 하면 자신의 정신적 상처에 다시 주의를 기울이기가 쉬워지며, 아주 의식적으로 그리고 체계적으로 상처를 바라볼 수 있다.

고통을 말로 표현해야 한다

상처받은 사람은 가까운 사람에게 자기 이야기를 털어놓고 이를 통해 마음의 짐을 덜고 싶어 한다. 자신의 상처에 대해 이야기하는 것은 자신의 고통을 이해하고 고통과 거리를 확보하고 처리할 수 있는 훌륭한 기회다. 보통 혼자서 자신의 문제와 고통에 빠져 있으면 생각이 끊임없이 맴돌기만 한다. 다시 말해 자기 생각에만 빠져 있는 것이다. 자신의 상처나 마음의 짐을 생각할 때마다 똑같은 생각만 되풀이된다. 그런데도 당사자의 뇌는 이러한 반복적인 생각을 통해 해결책을 찾을 수 있을 것이라고 믿는다. 심지어 이런 생각에 더 큰 노력을 기울이고 열과 성을 다한다. 하지만 이러한 되풀이되는 생각에 집착할수록 생각의 범위는 점점 더 좁아진다.

우리가 자신의 이야기를 다른 사람에게 할 경우 상황은 달라진다. 다른 사람에게 이야기를 하면 일방적인 우리의 사고 궤도에서 벗어나 새로운 생각을 할 수 있다. 그러면 해결책을 인식하고, 전에는 가능하다고 생각하지 못했던 통찰에 이른다. 또한 가지 좋은 점은 우리가 혼자서는, 그리고 우리 이야기를 들어주는 사람 없이는 쉽게 성공하지는 못하겠지만, 어쨌든 스스로 이러한 통찰력을 갖게 된다는 것이다.

생각을 명확하게 말로 표현하는 것은 의식을 도약시키는 데 확실히 중요한 역할을 한다. 생각을 말로 표현함으로써 생각이 분명해지기 때문이다. 자신이 방금 생각한 것을 말하는 사람은 자신의 생각을 더 의식적으로 표현할 뿐만 아니라, 자기 귀로 직접 자신의 생각을 듣는다. 말하자면 똑같은 자기 생각이라도 혼자서 생각할 때와는 다르게 인지한다. 자기 생각을 자기 귀로 직접 듣게 되면 어느 순간 논리적이지 못한 추론을 자각하게 되며, 마구잡이식 생각과 일반화를 발견하고 이를 너그럽게 넘기지 못하게 된다. 이러한 방식으로 제자리를 맴돌던 자기 생각을 실제로 뛰어넘을 수 있다.

이러한 변화에 기여하는 또 다른 측면도 있다. 즉, 자신의 고통을 이야기하는 사람은 이야기를 들어주는 사람으로부터 공감을 얻는다. 공감 — 이해와 수용, 존중 — 은 양측의 에너지를 증대시키고, 자신의 상태를 변화시킨다. 상처받은 사람은 자신의 이야기를 털어놓고 상대에게 이해받는 경험을 함으로써 자신의 상태가 달라졌다는 것을 확실하게 느낀다.

그런데 만약 이야기를 들어주는 사람이 이야기를 듣고 난 후 오히려 자신이 무력하다고 느낀다면 어떻게 된 걸까? 실제로 뭔가 잘못된 것이다. 이는 듣는 사람이 자신을 제대로 돌보지 못했기 때문에 생긴 결과이므로 이러한 경우 주제에 경계를 긋는 것이 바람직하다.

이야기를 할 것인가, 투덜거릴 것인가

'고통을 나누면 반으로 줄어든다.'는 말이 있다. 그렇다면 기쁨을 나누면 반으로 줄어들까, 아니면 두 배로 늘어날까? 고통도 경우에 따라 기쁨처럼 두 배로 늘어날 수 있을까? 그 답은 우리가 이야기를 하는 방식에 달려 있다. 우리는 어떻게 자신의 이야기를 할까? 친구를 우리의 고통으로 끌어들이는 방식으로? 우리의 정신적 고통에 점점 더 깊게 빠지고 고통을 손에서 놓지 못하는 방식으로? 아니면 벌어진 사건을 이해하고 동시에 처리하는 방식으로?

자신의 이야기를 다른 사람에게 털어놓으면 마음이 한결 가벼워지지만, 어느 정도 시간이 지나면 갑자기 돌변하는 현상이 많은 사람들에게서 관찰된다. 가벼워진 줄 알았던 마음이 정반대로 무거운 짐이 된다. 말하자면 다른 사람에게 자신의 상처를 이야기함으로써 고통이 되살아나고 강해지는 것이다. 상처받은 사람들은 피해자 역할에 적응하고 그 안에서 자신을 확인하려는 경향이 있다. 자신의 고통을 반복적으로 이야기하고 극화함으로써 지속적으로 나타나는 자기 연민과 고통이라는 쳇바퀴 속에 갇혀 있을 때 특히 이런 경향이 두드러지게 나타난다. 심지어 때로는 자신의 이야기를 들어주는 사람을 새로운 희생양으로 삼으려고까지 한다. 또한 자신의 고통을 느끼지 않으려는 수단으로 이야기를 하는 사람들도 있다. 이 경우에도 고통은 완전히 해소되지 않고 그대로 남아 있으며 계속 확산된다.

　자신의 상처에 대해 이야기할 때 마음의 짐을 덜어주는 효력이 반대로 뒤바뀌는 지점을 그냥 지나치는 경우가 많다. 주로 이야기를 듣는 사람이 지나치게 공감해주거나 상대의 말을 지나치게 고분고분하게 따를 때, 또는 상처받은 사람의 입장을 옹호하고 그의 입장을 무비판적으로 인정할 경우에 그렇다. 실제로 상처받은 많은 피해자들은 '나와 같은 방식으로 사태를 보지 못하는 사람은 전부 내 적이다.'라고 생각하면서 이야기를 들어주는 사람이 자신에게 전적으로 공감해주기를 바란다.

들어주기의 기술

친구는 우리가 고통에 빠져 있을 때 우리의 입장과 감정 상태를 그대로 받아들임으로써 우리 편이 되어주는 경향이 있다. 친구의 이러한 행동은 우리 마음의 짐을 덜어주고, 우리가 더 이상 혼자가 아니라고 느끼게 해준다. 우리는 친구들이 옆에 있으면서 우리의 이야기를 들어주는 것을 고마워할 수 있다. 하지만 친구가 우리의 이야기를 정말 잘 들어주는 사람인지, 아니면 그가 이야기를 들어주는 방식이 오히려 우리에게 피해를 주는지가 곧 드러난다.

친구는 우리에게 '솔직한 이야기'나 우리가 문제의 사건에서 어떤 역할을 했는지를 말해주지 않는다. 우리에게 가장 솔직한 사람은 우리의 원수나 적이다. 그들이 우리에게 모든 것을 직접적으로 말하지 않더라도 우리는 그들이 우리의 약점을 공격할 것이라고 예상할 수 있다. 어쩌면 친구는 우리의 약점을 보지 못할 것이다. 친구 역시 우리와 비슷한 약점을 가지고 있거나 이 약점을 전혀 보려고 하지 않기 때문이다. 또한 약점을 알고 있더라도 오히려 이 약점을 미화한다.

여기서 원수에 대한 사랑을 이야기할 수 있다. '원수'는 우리가 발전할 수 있도록 끊임없이 자극한다. 친구와 원수 사이에는 분명히 차이점도 존재한다. 우리는 친구를 고르듯이, 우리와 대결할 가치가 있는 적수를 선정할 수도 있다. 하지만 우리가 항상 적수를 고를 수 있는 것은 아니다. 적수는 우리의 길을 방해할 것이며, 또 우리가 간과하고 있던 맹점을 보도록 주의를 환기시켜줄 것이다.

어쨌든 이야기를 듣는 사람은 그냥 잘 들어주는 것이 좋다. 모든 코멘트는 성급하고 경솔할 뿐이다. 상처받은 사람은 친구를 자기편으로 끌어들이고 설득하기를 원한다. 심지어 친구들을 소집하여 고통을 잊는 도구로 이용하고 싶어 한다. 상처받은 사람과 친밀한 관계에 있는 사람은 상처받은 사람과 똑같은 시선으로 사태를 바라보고, 똑같은 추론을 하며, 상처받은 사람의 입장을 옹호하고 이에 상응하는 결과를 끌어내야 한다는 압박감을 갖고 있다. 상처받은 사람은 이야기를 들어주는 상대의 이러한 압박감을 이용해 자신의 상처와 고통을 조작하려는 경향이 있다.

그러므로 그냥 옆에서 잘 들어주는 것이 도움이 된다. 이야기하는 사람이 듣는 사람의 생각이나 관점을 말해달라고 부탁하면 그때 코멘트를 해주면 된다. 또한 이야기하는 사람은 자신의 부탁에 따라 이야기를 들어주는 상대가 대답을 할 때 자신의 기대에 어긋나거나 반대되는 대답을 해도 차분하게 경청할 필요가 있다. 우정이란 같은 것을 생각하고 모든 면에서 의견이 일치한다는 뜻은 아니다. 친구 사이에 공통점도 물론 많겠지만, 차이점과 대립, 반대 의견도 당연히 존재한다. 이것이 우정을 가치 있게 만들어준다. 이러한 우정은 지금까지 닫혀 있던 창문을 세상을 향해 활짝 열어줄 것이며, 우리가 전체에 조금 더 가까이 다가가도록 도와줄 수 있다.

걱정을 털어놓을 때 해야 할 성찰

옆으로 살짝 비켜서서 자기 자신을 외부에서 관찰해보라.

먼저 이야기하기 전과 후를 비교해보라. 이야기를 함으로써 당신의 기분이 달라지는가?

당신의 이야기를 들어주는 상대에게 당신의 입장과 현재의 슬픈 감정을 납득시키는 것이 중요한가, 아니면 상대에게 이야기를 한 후 당신이 곤경에서 빠져나올 수 있도록 상대가 당신을 도와주는 것이 중요한가?

상대에게 당신의 상처에 관한 비슷비슷한 내용만 되풀이해서 이야기할 것인가, 아니면 기쁘고 즐거운 주제에 대해서도 이야기할 것인가?

이야기를 들어주는 상대가 당신의 관점과 감정에 점점 격하게 빠져들어 서로 상승 작용을 하는가?

유익한 대화

이야기를 함으로써 마음이 홀가분해지는 효과가 갑자기 반대 쪽을 향해 급변하는 지점을 놓치지 않으려면 자기 몸과 접촉을 유지하고 느낄 필요가 있다. 자기 몸만이 이러한 변환 지점을 인지할 수 있기 때문이다.

이야기를 들어주는 사람에게 정말로 그냥 잘 들어주기만 하라고 부탁하라. 그리고 당신의 괴로움과 고통을 이야기하는 시간을 제한하라.

들어줄 사람이 없을 때

이야기를 들어주는 사람이 주변에 아무도 없을 수도 있다. 그러면 상처받은 사람은 홀로 남겨지고 자기 자신 속으로 빠져든다. 덧붙여 말하자면 이러한 경험은 삶이 괴로운 상황에서뿐만 아니라, 행복한 상황에서도 할 수 있다. 상처를 받았을 때는 에너지가 수축하며 기쁠 때는 팽창한다. 기쁨을 나눌 사람이 없어서 오롯이 혼자 기뻐해야 할 때 이상한 감정이 든다. 심지어는 당혹스럽게도 고통이 느껴지기도 한다.

진부하기는 하지만 일기를 쓰는 것은 훌륭한 방법이다. 자신을 짓누르는 것을 기록함으로써 그것을 극복하는 것이다. 또한 글로 표현함으로써 거리감을 확보할 수 있다. 일기를 쓰면 더 객관적으로 사태를 바라볼 수 있게 된다. 그런데 지나치게 침울하거나 격분한 상태에서는 이러한 효과가 나타나지 않을 때가 종종 있다. 그럴 때에는 자신의 슬픈 감정을 기록하여 확실하게 남기고, 일기장을 펼쳐볼 때마다 그 상태 속으로 들어가본다. 글로 표현할 여건이 되지 않는다면, 큰 소리로 말하는 방법을 사용하면 된다.

고통을 말로 표현하기

당신을 짓누르는 것을 의식적으로 크게 말하라. 당신을 힘들게 하는 모든 것을 거실 벽이나 숲속의 나무, 또는 곰 인형에 대고 이야기할 수 있다. 아니면 지금은 옆에 없지만, 친구에게 말한다고 생각하고 이야기하면 더 좋다. 이때 당신 귀에 들릴 정도로 정말로 크게 말하는 것이 중요하다.

몇몇 경우에는 크게 말하는 과정에서 감정이 점점 더 격해지기도 한다. 그럴 때에는 말하는 것을 중단하고 다른 것에 집중하는 것이 바람직하다. 이렇게 시간적 간격을 두어야 다시 원래 주제로 돌아가 주의를 기울일 수 있다.

공감의 효과는 자신의 내면에서도 작용한다. 자신의 고통을 이야기하고 수정하기도 하며, 보다 적절한 표현을 찾기도 한다. 하지만 무엇보다도 의식적으로 큰 소리로 혼잣말을 할 경우 그 사람의 내면에 자리 잡고 있는 다른 한켠에서 자신의 마음을 짓누르는 모든 것을 인지한다. 그곳에서 자신의 관점을 보충해주고 도와주면서 연대감을 보인다. 이렇게 한 사람의 내부에서 공감이 생겨나고, 이로 말미암아 변화와 발전의 에너지도 생성된다. 다시 말해 자기 자신을 긍정적으로 인지하는 것이다. 이와 동시에 입 밖으로 이야기를 함으로써 거리감을 확보할 수 있다. 그러면 자신이 입은 상처에 제한되지 않고 모든 잠재력을 활성화할 수 있다.

❤ 고통을 꼭 마주해야 할까? ❤

자신의 고통을 들여다보는 것은 매우 부담스럽고 힘든 일이다. 자신의 고통에 집중하면 해소되지 않은 고통이 되살아나고 상처와 흉터도 보인다. 또 상처받았던 당시에 느꼈던 무력감과 절망감도 되살아난다. 이렇게 나중에 상처를 떠올리면 고통으로 인해 마비된 느낌이 들고, 자기만의 관점에 갇혀 있던 당시에 비해 그 상처가 훨씬 또렷하게 나타나는 경우가 많다. 이렇게 불러일으킨 감정에 우리가 압도당할 수 있다.

사람들은 이러한 상황에서 차라리 고통과 상처라는 주제를 회피하려고 한다. 이는 지극히 당연한 일이다. 그래서 이 책을 밀쳐놓고 다른 일을 하면서 관심을 딴 데로 돌린다. 물론 자신에게 부담이 되지 않을 정도로 독서 분량을 분배하여 책을 읽어야 실제로 도움이 된다. 고통이라는 주제에 완전히 몰입하지 않고, 삶 속에 함께 존재하는 즐거움과 경쾌함을 잃지 않으며 균형을 맞추는 것도 중요하다.

그렇다고 아무 생각 없이 무작정 책 읽기를 중단하는 것은 바람직하지 않다. 책 읽기를 중단하면 당신은 위기의 한가운데 놓이게 된다. 물론 당신은 이 위기를 치유 과정이라고 이해할 수도 있다. 처음에는 모든 것이 다시 들춰져서 되살아나지만, 이로 말미암아 새롭게 정리 및 분류되고 변화될 수 있다고 생각한다. 그러면 마치 자신이 정리 정돈을 시작한 사람처럼 느껴질 것이다. 하지만 옷 정리를 하려고 옷장에 있는 옷을 꺼내 바닥에 늘어놓으면 갑자기 옷이 너무 많아진 것 같은 느낌이 든다. 그래서 결국 어질러진 방을 그대로 놔두고 도망간다. 이렇게 하는 것은 해결책이 되지 못한다. 아예 정리를 시작하지 않는 편이 나을 것이다.

다른 한편으로—이것이 훨씬 더 심각하다.—책 읽기를 중단하면 상처가 지속적으로 반복될 수 있다. 내가 치료 과정에서 만난 대부분의 사람들은 과거의 상처가 계속 반복된다고 호소하면서도 자신의 고통을 스스로 돌보지 않았다. 자신의 고통을 돌보지 않으면 버림받고 상처받았다는 느낌이 새롭게 생겨날 것이다. 그러므로 책을 손에서 놓지 말고 주제를 조금씩 넓혀가며 읽기를 권한다. 특히 마음을 달래고 치유해주는 방법들을 성의 있게 자신에게 적용하기 바란다. 그래도 고통이 엄습한다면 심리 치료사에게 개별적으로 도움을 청하는 것이 좋다.

용감하게 상처를 들여다볼 때

상처받았다고 느끼는 사람은 대체로 상처에 사로잡혀 있으며, 종종 어린 시절로부터 유래하는 자신의 개인적인 필터를 통해 상황을 관찰한다. 어떤 사람은 잘못한 사람을 그 자리에서 즉시 찾으려고 하는 반면, 또 어떤 사람은 조심스럽게 자기 자신에게서 잘못을 찾는다. 그리고 원인이나 의도, 동기가 무엇인지 곰곰이 생각한다.

좀 더 많은 설명과 정보를 원한다면 상처를 완전히 다른 방식으로, 말하자면 체계적으로 바라보는 것이 좋다. 이때 목표는 '상처에 계속 빠져들기'가 아니라 '상처를 뛰어넘기'가 되어야 한다. 이 목표를 달성하려면 문제의 사건에 대해 거리감을 확보할 필요가 있다. 이를 위해 응급 조치와 관련하여 앞 장에서 말한 방법들을 사용하라. 더 많은 내용을 알아보려면 자신에게 다음과 같은 질문을 던져보라.

무엇이, 누가 당신에게 상처를 입혔는가

생성과 소멸, 출생과 죽음과 관련된 삶 그 자체가 상처가 되는가? 아니면 삶에서 벌어지는 변화들? 국가, 기관, 위계, 상사? 강자나 조종자? 도덕과 법규를 위반하는 사람들? 성공과 실패? 순조롭지 않은 인생? 아니면 특정 범주의 사람들(남성 또는 여성) 또는 특정 집단의 사람들인가? 그 집단은 원래부터 확고하게 결성된 집단인가, 아니면 우연히 결성된 집단인가? 한 개인이라면, 그 사람은 경쟁 상대인가? 직책이나 직위의 경쟁 상대인가? 당신과 가까운 사람인가? 멀고 가까움, 자율과 경계가 중요한가?

상처는 어떤 식으로 활성화되는가

말, 제스처, 행동 중 무엇으로 상처가 자극되는가? 상처가 겉으로 분명하게 드러나지 않았는가? 당신이 기대한 내용, 이를테면 존중이나 감사 등의 뜻을 상대가 내비치지 않았는가? 당신의 상처를 직접적으로 건드렸는가? 아니면 간접적으로 상처를 받았는가?

당신에게 상처를 준 사람이 어떤 상태에 있었는가

당신에게 상처를 준 사람이 혼자 있었는가, 아니면 다른 사람과 함께 있었는가? 그가 단독적인 인물인가, 아니면 집단에 소속되어 있는 사람인가? 그가 당신과의 관계에 집중했는가, 아니면 다른 것에 전념했는가? 스트레스나 압박감을 받고 있었는가? 그 사람이 막강한 위치에 있었는가, 아니면 약하고 위협받는 위치에 있었는가? 당신에게 상처를 준 사람 역시 상처받은 사람인가?

당신은 어떤 상태에 있었는가

당신은 혼자 있었는가, 아니면 다른 사람과 함께 있었는가? 당신은 단독적인 인물로서 상처를 받았는가, 아니면 집단에 소속되어 있는 사람으로서 상처를 받았는가? 당신은 당신에게 상처를 준 사람과의 관계에 집중하고 있었는가, 아니면 다른 것에 전념하고 있었는가? 당신은 스트레스나 압박감을 받고 있었는가? 당신은 막강한 위치에 있었는가, 아니면 약한 위치에 있었는가?

정확히 어떤 양상의 상처인가

상처를 파악하고 해결 및 처리하기 위해서는 상처를 구체적으로 포착하고 그 핵심을 파고드는 것이 중요하다. 우리가 이름 붙인 모든 것은 우리를 다스리는 힘도 앗아간다. 마치 불쌍한 난쟁이 룸펠슈틸츠헨Rumpelstilzchen(독일 민화에 등장하는 난쟁이 — 옮긴이)처럼 말이다. 룸펠슈틸츠헨은 다른 사람이 자신의 이름을 알아맞히자 자신의 이름이 더 이상 비밀이 아니라는 사실을 알고 매우 화를 내면서 자기 몸을 두 동강 내버렸다. 우리는 상처라고 이름을 붙이는 동시에 상처를 상대화하는 작업을 한다. 당신이 받은 상처는 어떤 상처인가? 다음에 기술되는 내용을 조망해보면 당신이 받은 상처의 양상을 보다 쉽게 규명할 수 있을 것이다.

당신은,

속았는가?　　　배반당했는가?　　　모욕당했는가?

악용당했는가?　　　기만을 당했는가?　　　무시당했는가?

차별받았는가?　　　부당한 대우를 받았는가?

거짓말에 속았는가?　　　경멸받았는가?　　　무례한 대우를 받았는가?

미움을 받았는가?　　　거절당했는가?　　　보살핌을 받지 못했는가?

배신을 당했는가?　　　따돌림을 당했는가?　　　거부당했는가?

배려받지 못했는가?　　　존중받지 못했는가?　　　얕보였는가?

소홀한 취급을 받았는가?　　　이용당했는가?　　　교활한 술책에 빠졌는가?

강요당했는가?　　　버림받았는가?　　　시샘당했는가?

응답받지 못했는가?　　　착취당했는가?　　　조종당했는가?

남의 기준을 따라야 했는가?　　　속임수에 넘어갔는가?

위협받았는가?　　　억압당했는가?　　　집단 따돌림을 당했는가?

학대를 당했는가?　　　의심을 받았는가?　　　책임을 뒤집어썼는가?

오해받았는가?　　　감언이설에 속아넘어갔는가?　　　농간을 당했는가?

멍청한 사람 취급을 받았는가?　　　품위가 떨어졌는가?

곤경에 처했는가?　　　집단에서 배제되었는가?　　　망신을 당했는가?

동정을 받았는가?　　　인정받지 못했는가?　　　불친절한 대우를 받았는가?

실망했는가?　　　헐뜯음을 당했는가?　　　조롱당했는가?

상처는 다음과 같은 개념에서 출발할 수도 있다.

미움   불신   비열함

남의 불행을 기뻐하는 마음   무시   부러움

복수   비방   배려 없음   이기심   비정함

냉정함   아이러니   편협함   건방짐

하지만 조심해야 할 점이 있다. 당신이 여기서 표현하는 내용은 추측이나 짐작이다. 그러므로 당신이 받은 인상 그대로, 느꼈던 그대로 표현하라. 그 이상은 당신이 알지 못하기 때문이다.

정신적 상처의 종류나 양상은 분명히 위에 언급한 것보다 훨씬 더 많다. '비非'나 '부不'와 같은 접두사 또는 '-지 않은' 등의 말과 결합하여 부정의 뜻을 포함하는 무수한 표현들도 정신적 상처가 될 수 있다. 이러한 말에는 우리가 기대하거나 바라던 내용이 결여되어 있다.

사랑스럽지 않은   착하지 않은   믿지 않는

감사하지 않는   불친절한   불신   은혜를 모르는

무엇이 충돌하는가

모든 상처는 충돌로 말미암아 생긴다. 예를 들면 상처받은 사람의 기대나 요구, 바람이 이와 위배되는 다른 사람의 행동과 충돌한다. 또한 삶이나 인간관계에 대한 갈등도 존재한다. 우리는 갈등이 존재한다는 사실을 불만스럽게 생각한다. 갈등은 불편한 것이다. 하지만 좋은 점도 가지고 있다. 갈등은 우리를 의식적으로 깨우고, 우리에게 통찰력을 부여하며, 변화의 자극을 제공한다. 긴장과 갈등상태 속에는 이를 극복하기 위해 필요한 에너지도 동시에 존재한다. 말하자면 갈등이 없다면 발전도 없는 것이다.

우리는 어떤 갈등상태에 처하든, 또 어떤 상처를 받든 선택의 갈림길에 선다. 계속해서 고통과 모순으로 괴로워할 것인가, 아니면 갈등을 발전의 수단으로 사용할 것인가? 상처에 연연함으로써 나에게 상처 준 사람에게 계속 힘을 실어줄 것인가? 그렇게 되면 그 사람이 나의 발전을 가로막을 수 있다. 나아가 발전을 아예 차단하거나 오히려 퇴보하게 만들 수 있다. 이런 일이 벌어지도록 내버려둔다면 나는 앞으로도 계속해서 똑같은 위치에 상처를 받게 될 것이다.

상처를 똑바로 인지하기

다음 질문들은 상처를 더 명료하게 인지하는 데 도움을 줄 것이다. 이 질문들을 잘 활용하라. 곧바로 대답할 수 있는 질문도 몇 개 있을 것이다. 나머지 질문들에는 시간을 가지고 차분히 대답해보라. 이 질문들이 당신의 시각과 견해를 넓혀줄 것이다.

□ 관계의 멀고 가까움에 대해 어떤 생각을 가지고 있었는가?
□ 자신의 활동 영역, 경쟁 영역, 한계에 관한 문제였는가?
□ 어떤 사람한테는 경쟁 욕구가 생기고, 또 어떤 사람한테는 보호받고 싶은 욕구가 생겼는가?
□ 편협하거나 일방적인 인지가 그런 생각을 하게 했는가?
□ 당신의 인지가 목표하는 바는 무엇이었는가?
□ 당신은 오로지 다른 사람만을 인지했는가?
□ 당신은 오로지 자신만을 인지했는가?
□ 당신은 서로의 관계를 인지했는가?
□ 당신이 간과한 부분은 무엇이었는가?
□ 어느 시점에서 충돌이 일어날 것 같다는 생각이 두드러지게 나타났는가?
□ 상처를 예방하거나 막을 수 있는 가능성은 존재했는가?

노베르트와 미카엘라, 막스는 한 가지 공통점을 지니고 있다. 세 사람 모두 자신의 연인에게서 갑작스럽게 버림받고 깊은 상처를 받았다.

노베르트의 경우 여자 친구에게 더 집착하려는 그의 갈망과, 더 많은 자유와 거리감 유지를 원했던 여자 친구의 욕구가 충돌했다. 노베르트는 그녀에게 지나치게 가까이 다가가려다가 결국 외딴 도시에 홀로 남겨졌다.

미카엘라는 자신의 입장과 관심을 모두 포기하고 모든 것을 남자 친구에게 맞추었다는 사실을 깨달았다. 남자 친구가 그녀에게 아주 값비싼 선물을 세 번 주었고, 그 후로 그녀는 재정난에 빠진 그에게 선물 가격보다 훨씬 더 많은 돈을 주면서 그를 도와주었다. 그런데 어느 순간 남자 친구가 더 이상 연락을 하지 않았고, 전화도 연결되지 않았다.

막스는 아내와 함께 살 좋은 집을 사기 위해 일에 완전히 빠져 살았다. 그런데 집을 마련하고 나니 아내가 오토바이를 타고 다니는 어떤 남자와 바람이 났다. 그는 버림받은 채 텅 빈 집에 홀로 남았다.

사람들은 각각 서로 다른 생각과 바람, 요구를 가지고 있다. 이 사실은 누구나 충분히 예상할 수 있다. 매우 격렬한 충돌과 정신적 상처는 무엇보다도 이러한 대립이 무시되고 인지되지 않을 때 생긴다. 위의 사례에서 버림받은 세 사람은 사태가 악화되기 전에 진작 문제를 깨달을 수는 없었는지 뒤늦게 생각했다. 하지만 사태가 그렇게 될 때까지 그들은 의식적으로 인지할 필요를 느끼지 못했다.

의식적으로 인지할 경우 더 큰 맥락을 이해하고 자신의 복잡한 문제를 인식할 수 있다.

> 헬가는 파티에 갔다가 자신이 냉대받고 있다는 느낌이 들었다. 그래서 그녀는 주의를 다른 데 돌릴 만한 것이 없는지 찾았고, 결국 이러한 조치가 큰 도움이 되었다. 또 보다 거리를 두고 인지함으로써 깨달은 점이 있었다. 단체 사진을 찍을 때 그녀는 맨 앞 줄에 섰는데, 이 자리가 편하게 느껴지지 않아서 뒤쪽으로 옮겼다. 이러한 행동이 그녀가 사람들로 하여금 자신을 무시할 여지를 준 것일까? 그녀의 내면에서 이미 충돌이 일어났을까? 나아가 그녀의 내면적 갈등이 다른 사람들이 그녀를 수시로 무시하도록 토대를 제공했을까?

♥ 자가 치유와 예방법 ♥

이 책의 내용은 일상적으로 모든 사람들이 받을 수 있는 정신적 상처를 자가 치유하는 방법에 국한되어 있다. 그런데도 많은 독자들은 자신에게 일어난 일이 어쩌면 이미 트라우마가 된 것은 아닌지 궁금증을 가질 것이다. 정신적 상처를 받으면 본인이 가지고 있는 가능성의 틀 속에서 자기 자신을 보살피고 다른 사람들에게 기대고 의지할 필요가 있다. 하지만 트라우마처럼 심한 정신적 충격을 받을 경우에는 전문적인 도움을 받는 것이 좋다. 그래야 문제의 사건을 떠올릴 때 다시 트라우마에 빠질 위험이 적으며, 고통과 괴로움이 반복되거나 연장되지 않고, 후유증도 더 악화되지 않는다.

그리스어에서 유래된 '트라우마Trauma'는 다름 아닌 '상처'를 의미한다. 심리학 용어로 '트라우마'는 자연재해, 고문이나 습격, 성폭력이나 유괴와 같은 집단적 또는 개인적 폭력과 같은 사건을 통해 받은 정신적 충격을 의미한다. 당사자는 자신이 무력하고 외부의 위협에 방치되어 있다고 느낀다. 그러면 저항할 힘도, 도주할 힘도 없이 '얼음'처럼 굳어버리고 만다. 또한 이러한 비상사태에서는 몸의 모든 신경과 감각이 긴장된 채로 유지될 수 있다. 그리고 당사자의 내면이 피해자 부분과 가해자에게 넘겨받은 폭력적 부분으로 분열되면서 내면적 갈등을 겪게 된다. 또한 트라우마에 대한 기억도 분리될 수 있기 때문에 경험한 내용에 쉽게 접근하지 못할 가능성이 있다. 이를 통해 우리의 삶이 위험해질 수도 있다. 예를 들어 정신적 외상 후 스트레스 장애, 또는 트라우마를 겪는 당사자는 이른바 '플래시백Flashback(과거의 트라우마와 관련된 어떤 것을 접했을 때 그 기억에 강렬하게 몰입되어 그 당시의 감각이나 심리 상태 등이 그대로 재현되는 증세—옮긴이)' 증세가 나타나 거의 통제할 수 없을 정도로 기억이 엄습하거나 멍한 우울 상태에 빠진다. 또한 가해자로부터 넘겨받은 공격적 성향이 당사자를 압박해 폭력을 다른 사람에게 전가하여 자신의 짐을 덜어보려고 할 수 있다. 당사자의 성향에 따라 마약 중독이나 알코올중독, 폭력, 자살 위험 등의 또 다른 부작용이 생길 수도 있다.

트라우마를 야기하는 것은 끔찍한 사건에만 국한되지 않으며, 이러한 사건에 대처하는 내면의 방식도 원인이 될 수 있다. 여러 사람이 동시에 동일한 재해나 만행을 경험할 수 있다. 그렇다고 모두가 그 사건으로 인해 트라우마를 얻지는 않는다. 위급한 순간에 자신이 당한 사건에 어떤 양상과 방식으로 반응하는지, 그리고 자신이 겪은 내용을 사후에 어떻게 처리하는지에 따라 트라우마의 여부가 결정된다.

이 책에 제시된 방법들을 적용하는 법을 배우고, 이를 실행에 옮기고, 그 결과 자신의 상처에 건설적으로 대처한다면, 극심한 사건들이 닥쳐도 위기에 빠지거나 자신의 반응이 분열되지 않으며, 트라우마에 이르지도 않게 된다. 이 방법들은 크고 작은 상처를 자가 치유하고 예방법을 제시해준다.

지나치게 자기 부담감을 느끼거나 트라우마를 재경험하지 않으려면 다음과 같은 규칙을 확실하게 지키는 것이 바람직하다. 즉, 처음에는 아주 작은 상처부터 시작하고, 점점 더 큰 상처로 접근하는 것이다. 자기 책임이 없다면 자가 치유도 없다!

상처로부터 다시 배우고 깨닫는 것들

모든 상처는 소통의 관점에서 관찰될 수도 있다. 소통에는 우리에 대한 정보도 포함되어 있다. 더 자세히 말하면 우리는 소통을 통해 삶에 대한 것, 우리 주변을 맴도는 어떤 정황과 대상에 관한 것, 우리에게 상처 준 사람에 대한 것, 그 사람과의 관계, 특히 우리 자신에 관한 것을 알게 된다. 앞에서 언급했듯이, 우리의 길을 가로막고 우리에게 상처 주는 사람만큼 우리를 솔직하고 직접적으로 대하는 사람은 없다. 그 사람은 우리의 약점을 확실하게 공격할 것이다.

또한 우리가 현재의 삶의 모습이나 시대의 흐름, 일반적 상식, 국가나 기관, 권력, 고용주의 사업 방침, 상사의 일 처리 방식 등이 자신이 지향하는 가치와 위배되기 때문에 이 모든 것과 갈등상태에 처해 있다는 사실도 알 수 있다. 그러면 우리는 몇 가지 질문을 스스로 할 수밖에 없다. 나는 얼마나 강한가? 나의 요구 사항이 나 자신에게 얼마나 중요한가? 나는 이로부터 어떤 결과를 끌어내는가? 나는 어떻게 행동하는가? 나 자신과 위배되는 이 모든 것을 깨부술 것인가? 내가 지향하는 것이 나를 지켜주고 보호해줄 만큼 충분히 강한가? 불필요한 상처를 받지 않기 위해 어떤 전략을 발전시켜야 할까? 어떻게 하면 이성을 잃지 않고 직접 영향력을 행사할 수 있을까?

이 책의 뒷부분에 나오는 〈상처를 치유하고 한 걸음 더 나아가다〉라는 장에서 어떻게 하면 힘들고 어려운 상황에서 당신이 지향하는 가치를 통해 스스로를 강하게 만들 수 있는지 자세히 다룰 것이다.

상처에서 정보를 분리하기

오해를 피하기 위해서 한 가지 말해두어야 할 사항이 있다. 즉, 여기서 말하는 내용은 감정을 억압하거나 옆으로 밀쳐두어야 한다는 것이 아니다. 당신은 자신의 정당한 권리를 보장받아야 마땅하고 또 그래야 한다. 하지만 이 단계를 실행하기 위해서는 내면적 거리가 필요하다. 다시 말해 객관적 정보와 상처를 주는 말을 각각 분리하는 것이 중요하다. 상처가 되는 말을―그것이 말이든, 몸짓이나 행동으로 표현된 것이든 상관없이―일단 받아들일 수 있는 다른 표현으로 옮기면 좀 더 쉽게 분리할 수 있다.

상처를 주는 행동 – 상처를 주는 말 = 정보

마티나는 청소년기의 딸에게 또다시 깊은 상처를 받았다. 그녀는 딸에게 모든 것을 해주어도 딸로부터 고맙다는 말은커녕 신경질적인 말만 들을 뿐이다. 그녀는 더 이상은 안 되겠다고 생각했다. 마티나는 이미 가능한 모든 방법을 시도해보았다. 이제 그녀는 정보를 상처로부터 분리하는 방법을 시도해보기로 했다. 처음에 그녀가 어렵게 느꼈던 점은 투덜거림과 불평 속에서 일종의 정보를 인식하는 일이었다. 마티나는 자신에게 상처를 주는 딸의 행동을 일단 분리해서 제쳐두었다. 그랬더니 특정한 몇몇 상황에서 불만을 표현하는 중립적인 신호가 남았다. 그녀의 딸은 자기가 지나친 보살핌을 받거나 아이 취급을 당한다고 느낄 때, 또는 마티나가 엄마로서 자신에게 지나치게 가까이 접근할 때마다 불만을 표현했다. 그녀의 딸은 그 나이 특유의 거리감과 자기 책임을 질 수 있는 공간이 더 필요했다.

마티나는 열다섯 살 딸과 대화를 하면서 그 나이대에 어떤 경계와 한계가 존재하는지에 대해서 이해한 뒤 의견을 조율했고, 그 후로 둘 사이의 분위기가 확연하게 좋아졌다. 또 마티나가 딸에게 지나치게 가까이 다가가면 딸이 손으로 신호를 보내기로 약속했다. 이 수신호 덕분에 딸이 엄마에게 덤벼들어 상처를 입힐 일도, 그 뒤 양심의 가책으로 고통스러워할 일도, 엄마와의 관계를 회복하기 위해 부자연스럽게 엄마에게 가까이 다가갈 일도 없게 되었다. 또 이러한 행동들이 다시 엄마에게 정신적 상처를 주는 악순환을 막을 수 있게 되었다.

한네스는 그다지 자부심을 가진 학생은 아니다. 그의 자세나 웅얼거리는 말에서 이러한 사실이 드러난다. 이러한 그의 언행은 다른 사람에게 호감을 얻지 못하는 결과로 이어지고, 이로 말미암아 그의 웅얼거림이 더욱 심해졌다. 프랑스어 수업에서 그가 반 친구들 앞에서 낭독할 때 교사가 한네스의 웅얼거리는 소리를 흉내 냈고, 그는 깊은 상처를 받았다. 화가 난 그는 집으로 돌아가는 길에 난폭하게 자전거를 타고 질주하다가 사고가 날 뻔했다. 그는 뭔가를 망가뜨리고 싶은 거센 충동을 느꼈다. 결국 분노에 휩싸인 그는 집에서 계단 난간의 기둥을 주먹으로 세게 쳤고, 손을 다치고 말았다. 손에서 피가 흘렀고 붕대를 감아야 했다.

통증이 느껴지자 그는 이성을 되찾고 제정신으로 돌아올 수 있었다. 그는 선생님의 행동이 비열했다고 생각했다. '선생님이 나에게 하고 싶었던 말을 다른 식으로, 예를 들면 눈빛으로 할 수도 있었을 텐데.' 그는 사건을 객관적으로 마음속에 다시 떠올려보았다. 그런데 선생님이 그렇게 행동할 수도 있겠다는 생각이 들었다. 자신의 프랑스어 발음이 매우 안 좋은 것은 사실이었다. 그제야 머릿속이 명료해졌다.

그는 문제의 텍스트를 다시 한번 읽어보았다. 처음에는 음절 단위로 아주 천천히, 그리고 아주 또박또박 읽었다. 여러 번 반복해서 읽자 음절을 음성학적으로 아주 정확하게 연결할 수 있었다. 그는 자기 귀에 들리는 정확하고 우아한 발음이 마음이 들었다. 그는 발음을 하면서 기쁨을 느꼈고, 점점 더 많이 연습했다. 수업 시간에 그가 손을 들어 낭독을 하겠다고 하자 선생님이 깜짝 놀랐다. 그의 발음은 나무랄 데 없이 훌륭했다. 게다가 그 이후로 한네스는 자기 생각을 훨씬 분명하게 표현할 수 있었다. 이제 선생님과 반 친구들은 그의 존재감을 확실히 느끼게 되었다.

이중으로 상처받다

정신적 상처가 어떤 형태로 진행되든지 간에 상처는 단 하나의 고통만으로 남지 않는다. 당사자가 상처에 대한 자신의 반응에 만족하는 경우가 드물기 때문이다. 그 결과 당사자는 추가적으로 자기 자신에게 상처를 줄 수 있다. 예를 들면 자신을 책망하고, 이미 다친 상태에 있는 자신을 다시 비난하고 공격한다. 상처받은 상태에서 매력적인 모습을 발산할 사람은 없을 것이다. 특히 패배에 대처하는 법을 배우지 못한 사람이라면 말이다. 하지만 마치 친구가 내 편을 들어주듯이, 스스로 자기 자신의 편을 든다면 이것은 일종의 자기애에 대한 증명일 것이다. 자신의 반응을 자꾸 떠올리면서 스스로 책망하는 것은 도움이 되지 못한다. '~해야 한다', '~하는 것이 좋다', 특히 '~했어야 했다'와 같은 가정법의 표현은 자기 자신을 계속 압박할 뿐이다. 스트레스가 커질수록 사건으로부터 무언가를 배우는 능력은 줄어든다. 또한 문제 상황에서 자신의 행동을 전혀 바라보지 않는 것 역시 도움이 되지 않는다. 그러면 문제 상황에서 통찰력을 얻어낼 수 있는 기회를 놓치고, 마음의 평화도 오랫동안 찾을 수 없게 된다.

낡은 틀에서 벗어날 수 있다

모든 행동은 어떤 면에서는 하나의 배움이다. 우리는 사건의 모든 진행과 경과로부터 배움을 얻는다. 다시 말해 우리의 생각과 느낌으로, 그리고 우리의 신체 상태로 어떤 대답을 하고 어떻게 행동하는지, 또 상처와 같은 외부 자극에 어떻게 반응하는지를 통해 배움을 얻는다. 반복 행위는 어떤 틀이나 패턴을 깊게 각인시킨다. 이 틀에서 벗어나려면 우리는 의식적으로 반대 방향으로 움직여야만 한다. 그런데 이러한 의식적인 상태에 도달하기 위해서는 우리에게 시간과 거리가 필요하다. 하지만 모든 상처는 뜻밖의 순간에 효력을 발휘하기 때문에 우리가 충돌하게끔 자극하거나 우리의 정신적 상처를 더 깊게 만드는 낡은 틀을 작동시킨다.

하지만 이러한 낡고 도식적인 그물에서 벗어날 수도 있다. 말하자면 우리의 뇌는 실제 행동뿐만 아니라, 우리가 수차례 반복적으로 상상하는 행동의 장면도 각인한다.

패턴을 바꾸어보기

몸과 마음을 느긋하고 편안하게 만들어보라. 예를 들면 마음 속에 거리를 확보한 후 눈을 감아본다. 그리고 정신적 상처를 받았던 장면을 다시 한번 떠올린다. 스크린이나 무대, 아니면 영화관에서 자신의 정신적 상처를 바라본다고 생각한다. 정신적 상처가 당신에게 너무 가깝게 느껴진다면, 몇 줄 뒤로 가서 앉는 상상을 한다.

그런 다음 장면을 변화시켜 보라. 이때 당신에게 상처 준 사람과 상처 자체는 바꾸지 말고 그대로 둔다. 하지만 당신의 행동을 당신이 원하는 대로 보다 적절하고 의식적인 행동으로 대체할 수 있다. 그렇게 하면 당신에게 상처 준 사람의 행동에도 조금 변화가 생길지 모른다. 장면과의 거리는 대개 저절로 다시 소멸되고, 당신은 관찰자의 입장에서 당신의 역할에 점점 더 빠져든다. 당신이 무대에 서 있거나 영화를 촬영하고 있다고 의식적으로 상상하라. 영화배우처럼 매우 구체적으로, 그리고 당신이 원하는 바에 따라 자신의 역할을 연기하라. 리허설이나 촬영을 할 때처럼 당신의 역할이 '딱 맞아떨어지고' 당신의 마음에 들 때까지 장면을 여러 번 반복하라.

당신의 역할 속에서 어떻게 행동하는 것이 더욱 적절할까? 상처를 받기 전에, 상처를 받는 순간, 그리고 상처를 받은 후에 어떻게 행동하는 것이 좋을까? 당신은 구체적인 말과 행동으로 반응할 수 있다. 더 나아가 당신의 태도와 제스처, 얼굴 표현으로 반응할 수 있다. 그리고 이보다 더 중요한 것이 있다. 바로 당신의 생각과 자기 자신에 대한 당신의 입장, 당신의 혼잣말이다. 당신은 이 모든 것을 당신이 원하는 바대로 바꿀 수 있다. 그러므로 다양한 연기를 해보라.

위의 실험을 한 후 당신의 상태는 어떠한가? 당신이 경험하고 인지하는 모든 것은 당신에게 영향을 미친다. 또한 당신이 방금 반복적으로 상상한 내용도 당신에게 영향을 미친다.

상처가 나를
무력하게 만든다

클라우스는 회의 때 직장 동료들 앞에서 호되게 야단을 맞았고, 그는 인정한다는 듯이 고분고분하게 고개를 끄덕였다. 회의가 끝난 후 그는 실습생에게나 할당되는 업무를 맡게 되었고, 이에 어떤 대꾸를 해야 할지 전혀 몰랐다. 오후에는 평소 때와 크게 다르지 않게 업무가 진행되었다. 비록 그다지 생산적인 성과를 올리지 못했지만 말이다. 그날 밤 클라우스가 텔레비전 앞에 앉았을 때, 오전에 벌어졌던 장면과 말들이 불현듯 그의 기억 속에 떠올라 그를 괴롭혔다. 오전의 회의 상황이 믿겨지지 않았다. 그는 뒤늦게 화가 났다. 그런데 자신을 정말로 화나게 만든 것이 무엇인지 알 수 없었다. 상사의 행동인지, 동료의 행동인지, 아니면 자신의 행동인지 알 수 없었고, 결국 아무

결론도 얻지 못하고 그저 상황을 인정할 수밖에 없었다. 이 사실로 그는 더 이상 소파에 편히 앉아 있을 수도, 잠을 잘 수도 없었다. 그는 밤늦게까지 교외를 여기저기 방황했다. 그는 점점 더 분노가 치밀었다. 또다시 그에게 똑같은 일이 반복된 것이다. 그는 더 이상 자기 자신을 믿지 못했다. 그는 자기 자신에게 다시 믿음을 가질 수 있을까?

엘사는 차에 오르면서 가족들에게 작별 인사를 고했다. 그리고 돌아서면서 '드디어 이렇게 가족들이 한자리에 모였구나!'라고 생각했다. 고속도로에 진입한 후에 비로소 그녀는 아버지가 가족들 앞에서 자신을 무시하는 말을 했다는 사실이 떠올랐다. 게다가 자신과 같은 직업을 가진 여자들을 놀리는 듯한 아버지의 농담으로 비웃음까지 당했다. 그녀는 더 이상 운전을 하기가 어려웠다. 다행히 다음 휴게소가 얼마 남지 않았다. 그녀는 고속도로를 빠져나와 휴게소로 진입했다. 휴게소 식당에 앉았을 때 그녀에게 어떤 연결 고리가 떠올랐다. 그녀가 유치원에 다닐 때 경험했던 일을 또다시 겪은 것이다. 그녀의 아버지는 아들들은 모든 것을 할 수 있다고 믿었던 반면, 딸의 능력은 끊임없이 의심했다. 아버지는 그녀의 야심과 패기를 하찮게 여겼고, 지금도 그녀의 능력을 인정하지 않았다. 그녀는 이 사실에 대해 한 번도 말을 꺼낸 적이 없었고, 강하게 항의하지도 않았다. 그런데 이제 고통이 점점 더 그녀를 세게 짓누르고 있었다.

대부분의 사람들은 자신이 상처받았다는 사실을 즉시 인지하지 못한다. 뒤늦게야 비로소 자신에게 무슨 일이 벌어졌는지 어렴풋이 깨닫게 된다. 어느 때는 몇 분, 또 어느 때는 몇 시간이 지나야 알 수 있다. 심지어 며칠이 지나서 깨닫는 경우도 있다. 이처럼 피해자조차 전혀 인식하지 못하는 정신적 상처를 누가 알겠는가? 많은 사람들이 상처에 적절하게 반응하지 못하는 자신을 보며 좌절하거나 스스로 비겁하다고 책망한다. 그런데 이렇게 하는 것은 모든 상황을 더 악화시킬 뿐이다! 중요한 것은 비겁함이나 좌절이 아니라 인지다. 클라우스와 엘사의 혼미한 의식은 일종의 '최면' 상태, 즉 특정 주제나 자극에 대한 인지가 마치 차단되어 있는 것처럼 의식이 제한되어 있는 상태로 간주된다. 최면 상태는 상처를 받는 순간 무의식적으로 유발될 수 있으며, 잠재적으로 상처받을 수 있는 상황이 재인식될 경우 미리 유발되는 경우도 많다.

이처럼 독특한 '마비' 상태는 당사자로 하여금 자신의 상처를 인지하거나 고통을 느끼지 못하도록 한다. 어른으로서 이러한 최면을 경험하는 사람은 대부분 어린 시절에 경험했던 최면까지 떠올린다. 최면 상태는 상처와 무시를 당해도 이에 저항할 수 없는 아이를 보호해준다. 아이의 생존이 부모에게 달려 있는 상황에서 아이가 어떻게 부모에게 받은 상처에 저항할 수 있겠는가? 이러한 최면은 아이가 해결할 수 없는 갈등과 정신적 고통으로부터 아이를 보호해준다. 또한 세상의 모순에 대해 아이가 느끼는 버거움도 감소시켜준다. 이렇게 최면은 생존의 의미에서 그 기능을 수행한다. 하지만 나중에 시간이 흐르면 점점 방해물로 작용하게 된다.

다시 클라우스의 이야기로 돌아가보자. 클라우스는 자기가 무시와 비난을 당하는 상황을 어린 시절부터 경험해서 알고 있다. 엘사 역시 아버지로부터 능력을 인정받지 못하고 아버지의 과잉보호 속에서 인형 취급받았던 해묵은 개인사를 가지고 있다. 상처를 받고 난 후 반복적으로 최면 상태에 빠지는 사람들은 최면의 패턴을 알아내는 것이 바람직하다. 그렇게 해야 적시에 그 패턴을 인식하고 소멸시킬 수 있다.

최면의 패턴을 인식하기

최면을 경험하려면 최면이 일어났던 상황을 떠올려보라.

당신이 최면 때문에 뒤늦게 인식한 상처는 어떤 상처였는가? 당신에게 떠오르는 상황을 열거해보라.

열거한 상황들 속에서 유사점이 발견되는가? 공통점은 무엇인가? 항상 같거나 유사한 주제였는가? 공통점이 상황의 유사성에 있는가? 아니면 최면이 일어난 범주의 유사성에 있는가?

당신은 당신에게 상처 준 사람과 단둘이 있었는가, 아니면 다른 사람들과 함께 있었는가? 다른 사람들 앞이나 공공장소에서 상처를 받았는가?

당신에게 상처 준 사람은 항상 동일한 사람이나 같은 유형의 사람이었는가? 또한 남자였는가, 여자였는가? 나이가 많은 사람이었는가, 나이가 같은 사람이었는가, 아니면 나이가 적은 사람이었는가? 집단이었는가, 개인이었는가?

그 밖에 또 어떤 공통점이 떠오르는가? 공통점을 많이 발견할수록 좋다. 공통점이 많아야 무엇이 당신의 '마비'를 유발하는지 의식하고, 앞으로 조심할 수 있기 때문이다.

고속도로 휴게소에서 쉬고 있는 엘사의 이야기로 돌아가보자. 엘사는 자신의 상처가 아버지나 아버지를 연상시키는 중년의 남자, 이를테면 선생님이나 직장 상사와 같은 사람과 관계가 있다는 사실을 확실히 알게 되었다. 그들은 항상 친절했지만 그녀의 노력이나 특출한 야심과 패기, 도전 정신을 인정하지 않았고, 그녀의 남자 형제들이나 남자 동급생, 또는 남자 동료와 비교하면서 그녀의 능력을 의심했다. 이제 엘사는 어떤 사람들을 만날 때 각별히 경계하고 조심해야 하는지를 분명히 깨달았다. 이와 같은 맥락에서 항상 문제 상황과 거리를 확보하고, 무슨 일이 벌어지고 있는지 예의 주시하는 것이 도움이 된다. 다음 단계를 위해 엘사에게는 더 많은 시간과 보다 확실하고 친밀한 환경이 필요하다.

최면 상태를 소멸시키기

스티븐 윌린스키Stephen Wolinsky에게서 유래된 이러한 자가 치유 기술은 그가 인정한 대로 매우 까다롭고 누구나 단번에 성공하기 어려운 방법이기는 하다. 하지만 나는 당신에게 이 기술을 (단순한 형태로라도) 알려주고 싶다. 이 기술이 매우 효과적이라고 생각하기 때문이다. 그러므로 이 기술을 외면하지 말고, 특별히 인내심을 가지고 편안한 마음으로 수행해보기를 바란다. 아니면 아주 나중에 혹은 생각날 때마다 한 번씩 사용해보는 것도 좋을 것이다.

최면을 인식하고 해소시킬 때는 몸을 의식적으로 인지하는 것이 결정적인 역할을 한다. 최면과 관련하여 다음에 서술되는 내용에서 지금까지 당신이 최면 상태에서 어떤 신체 상태를 숨겨왔는지를 알면 깜짝 놀랄 것이다.

최면 상태를 소멸시키기 - 1단계

먼저 중립적 출발 위치에 선다. A(바닥에 메모지로 표시하거나 의자를 두어 표시한다.)에서 당신은 최면 상태로 들어간다. 과거의 문제 상황을 생생하게 떠올리거나 그 상황에 처했다고 상상하면 크게 애를 쓰지 않아도 쉽게 최면 상태에 빠질 수 있다.

이제 천천히 당신의 몸속으로 들어가서 최면 상태에서의 신

A

B

중립적
출발 위치

체 상태를 의식한다. 이 실험을 하는 동안에 불편한 상태가 의식되더라도 아직은 아무것도 바꾸지 않도록 한다. 발에서 시작해서 서서히 머리까지 올라온다.

이때 이를테면 다음과 같은 질문을 하면 도움이 된다. 당신의 발에 어떤 느낌이 드는가? 느낌이 있다면 가벼운 느낌인가, 무거운 느낌인가? 평소 때보다 발이 작아진 것 같은가, 커진 것 같은가? 발이 더 차가운가, 아니면 더 따뜻한가? 발이 긴장되어 있는가? 발이 축 늘어졌는가? 힘이 가득 차 있는가, 아니면 힘이 빠졌는가? 당신의 발을 무엇과 비교할 수 있겠는가(시멘트, 납, 공기……)? 이렇게 발의 상태를 의식적으로 자각한다.

계속해서 이번에는 다리의 상태에 집중하고 위와 같은 질문을 던진다. 당신의 다리를 느낄 수 있는가? 다리가 평소 때보다 짧은가, 긴가? 두꺼운가, 가는가? 힘이 없는가, 힘이 넘치는가?

엉덩이와 아랫배에는 어떤 느낌이 드는가?

계속해서 복부로 넘어온다. 복부는 특히 신경 써야 할 중요한 영역이다.

이번에는 복부와 흉부 사이에 있는 횡격막을 느껴보라. 계속해서 척추와 흉부, 호흡, 어깨와 목덜미, 팔과 손, 목과 머리를 느껴보라.

최면 상태에서 당신의 시야는 어떠한가? 제한적인가? 좁은가, 아니면 넓은가? 귀는 어떻게 들리는가? 맑게 들리는가, 탁하게 들리는가, 불분명하게 들리는가, 먹먹하게 들리는가?

당신의 사고는 어떠한가? 명료한가, 흐리멍덩한가? 신속한가, 느린가? 혼란스러운가? 빙빙 맴도는가? 도약하는가? 힘든가? 아무 생각이 안 나는가?

몸속으로 다시 한번 들어가보라. 평소 때에 비해서 특이한 점이 있다면 모두 의식적으로 자각하고, 당신이 발견한 것을 유념하라.

당신은 이 상태를 이미 알고 있는가? 이 상태가 편안한가?

이제 최면 상태에서 벗어나서 다시 중립적 출발 위치로 돌아오라. 돌아오는 중간 지점에서 몸을 흔들어 몸에 존재하던 모든 긴장감을 탈탈 털어내라. 아니면 몸을 약간 움직여본다. 이를테면 몇 가지 간단한 체조로 잠깐 긴장을 풀거나 테라스나 발코니로 나가본다. 당신이 최면 상태에 빠질 때 어떤 모습인지 외부에서 관찰하라.

최면 상태를 소멸시키기 − 2단계

이제 B로 이동하라. A에서 의식적으로 자각했던 상태를 B에서 하나씩 하나씩, '감정을 섞지 말고' 구성해보라. 이는 당신이 원래의 문제 상황을 다시 떠올리거나 생생하게 기억하지 않아도 가능하다. 당신이 발부터 머리까지 의식적으로 '구성한' 동일한 신체 상태만 의식하면 된다. A에서 자각했던 상태를 다시 받아들이고 모든 것을 세세하게 다시 묘사하라.

그런 다음 다시 중립적 출발 위치로 가서 최면 상태에서 벗어나라. 여전히 최면이 느껴진다면 앞에서 했던 것처럼 몸을 털듯이 흔든다.

2단계에 기술된 방법을 여러 번 반복하라. 반복적으로 B로 가서 당신이 충분히 견딜 수 있을 만큼만 최면 상태를 강화하라. 그런 다음 될 수 있는 대로 상태를 약화시키고, 또다시 강화한다. 말하자면 이러한 불편한 상태를 당신 마음대로 갖고 노는 것이다. 그런 다음 다시 중립 위치로 돌아와서 움직임을 통해 최면 상태에서 자유롭게 벗어나라.

엘사는 어땠을까? 그녀는 자신에게 친숙한 '마비' 상태에서 아주 작고 차가우며, 나약한 발을 느꼈다. 그리고 그녀는 이러한 느낌을 B에서 다시 의식적으로 만들었다. 자신의 발 상태를 기억하고 그 상태가 다시 느껴지도록 하면 그것이 가능했다.

또 그녀는 자신의 다리가 아주 짧다고 느꼈다. 그녀는 이 느낌도 B에서 재구성했다. 그녀는 아랫배에 긴장감을 느꼈고, 뱃속에 시멘트를 연상시키는 무거운 덩어리가 있는 것 같았다. 또한 횡격막이 완전히 경직되었고, 숨을 제대로 쉴 수 없었다. 어깨도 뻣뻣하게 굳었다. 팔은 힘이 빠졌고, 손은 차갑고 땀에 젖어 축축했다. 머리는 무겁게 그녀를 내리눌렀다. 생각도 멈추었다. 모든 것이 몽롱하게 보였고, 모든 소리도 아득히 먼 곳에서 들려오는 것 같았다.

엘사는 이렇게 최면 상태를 경험했다. 어쩌면 당신의 최면 상태는 이와 완전히 다를 수도 있을 것이다. 당신은 엘사보다 더 많은 내용을 나중에 떠올릴 수도 있다. 예를 들어 엘사는 최면 상태에서 입이 오므라들고 쓴맛이 났다는 사실을 떠올렸다.

엘사는 2단계에서 자신의 발의 느낌을 여러 번 재구성함으로써 최면 상태를 느낄 수 있었다. 다리의 경우에도 마찬가지였다. 그리고 점점 다른 신체 기관으로 옮겨가면서 최면 상태를 재구성했다. 그녀는 자신의 입을 오므라들게 하는 것도 잊지 않았다. 그렇게 하다 보니 결국 최면 상태에서 느꼈던 쓴맛도 다시 혀로 느낄 수 있었다. 말하자면 불쾌하고 불편한 상태를 다시 만들었다.

그런 다음 그녀는 매번 B에서 벗어나 다시 중립 위치로 돌아와서 몸을 흔들거나 쭉 뻗어서 최면 상태로부터 자유롭게 벗어났다. 그녀는 최면 상태를 재형성하고 소멸시키기를 계속해서 반복했다. 마치 유희를 하듯이 말이다. 그리고 자신이 버틸 수 있을 만큼만 최면 상태를 고조시켰다가 다시 약화시키려고 노력했다. 이렇게 반복할 때마다 맨 처음에 구성했던 최면 상태에 더 이상 도달할 수 없을 정도로 그 강도가 점점 약해진다는 사실을 확인했다.

이 실험은 모순적이다. 어느 누구도 좋아하지 않고 웬만하면 피하려고 하는 최면 상태를 의식하고 의도적으로 야기하기 때문이다. 이 실험을 거듭할수록 최면 상태는 점점 더 또렷하게 의식된다. 그러면서 우리를 지배하는 최면의 힘도 점점 줄어들게 된다. 더 나아가 우리는 연습을 통해 최면 상태에 대한 반감을 재구성한다. 결국 최면 상태는 눈에 띄게 약해진다. 최면 상태가 다시 나타날 것 같을 때 우리는 이를 적시에 인식하고, 최면 상태를 약화시킬 수 있다.

자신의 최면 상태를 소멸시키기를 원한다면 자신의 몸을 철저하게 인지하는 활동을 회피하면 안 된다. 그렇게 해야만 자신의 최면 상태에 대해 알게 되고, 최면 상태가 작동하는 때를 적시에 발견할 수 있다. 이것은 최면 상태에서 벗어나기 위한 전제 조건이다. 나중에는 좀 더 간단한 방식으로 최면 상태를 소멸시킬 수 있을 것이다.

최면 상태에서 빠져나오기

월풀Whirlpool 욕조에서 몸의 긴장을 풀고 있다고 상상해보라. 처음에는 피부에 닿는 따스함만 느끼다, 점차 몸 전체로 확대해서 느껴본다. 이렇게 하면 에너지의 흐름 속에서 최면 상태의 긴장을 해소할 수 있다.

최면 상태가 아니더라도 이러한 상상을 하면 매우 편안하고 쾌적한 느낌이 든다. 이러한 상상은 몸을 상쾌하게 해주고 생기를 북돋우며, 내면적으로 자유로워지는 느낌을 준다.

클라우스가 이 방법을 실험하는 동안 인식한 사실이 있다. 바로 상사가 매섭고 혹독한 표정을 지을 때 이미 자신의 최면 상태가 시작된다는 점이다. 그래서 클라우스는 회의가 시작되기 전에 이 기술을 사용했고, 회의 중간중간에 남들 눈에 띄지 않게 여러 번 반복했다. 놀랍게도 그는 회의 시간에 조롱의 표적이 되지 않았다. 그는 자신이 지금껏 그렇게 당하면서 가만히 참고 있었던 이유가 최면 상태 때문이 아니었는지 의구심이 들었다. 이런 의구심은 억측에 불과하지만, 확실한 사실은 우리가 아무것도 말하지 않더라도 소통은 계속되며, 우리가 원하는 바, 또는 원하지 않는 바를 어느 정도 발산한다는 점이다. 그리고 이렇게 우리가 발산하는 것에 대해 다른 사람들이 다시 반응한다. 사람들은 최면 상태에 있는 사람에게 말을 걸 때에는 뚜렷한 의식을 가진 사람에게 말을 걸 때와는 다른 방식으로 접근

한다. 의식이 깨어 있는 사람은 피뢰침 역할에 적합하지 않다. 결국 최면 상태는 많은 상처가 생기도록 기여한다. 엘사는 예전에 아버지가 오빠에게 직업과 진로에 대해 물어봤을 때 이미 자신이 최면 상태에 빠졌다는 사실을 흥미롭게 생각했다.

앞서 제시된 최면 해소 기술을 개발한 스티븐 월린스키는 이러한 방식을 '양자심리학Quantum Psychology'이라고 부른다. 지금은 다른 심리 치료사들 역시 이 개념을 도입하여 사용하고 있다.

최면 상태를 예방하기

이 방법은 다음과 같은 사례에서 보이듯이 예방을 위해서도 적합하다. 갓 대학생이 된 토마스는 괴팅겐으로 이사를 왔다. 그는 술집에 들어가서 홀에 섰다. 술집은 꽤 붐볐고, 종업원은 계속 그를 보지 못했다. 모두가 음료를 앞에 두고 있었지만, 그는 주문조차 하지 못했다. 그는 순간 그 상태가 어린 시절부터 경험하여 익숙했던 상태임을 자각했다. 그는 또다시 '우중충함' — 그의 표현을 빌리면 — 을 느꼈고, 왠지 모르게 무감각해졌다. 그는 자신의 행색을 내려다보았다. '혹시 옷을 잘못 입은 걸까?' 그는 지금 자기가 어떤 표정을 짓고 있는지 상상할 수 있었다. 그는 자신의 모습을 한 번도 좋아한 적이 없었다. '저 사람들은 내가 여기 있는 걸 싫어할 거야.' 그는 속으로 이렇게 말하고는 헛되이 기다리기만 하다가 집으로 돌아갔다. 그는 힘이 쭉 빠졌다. 하지만 자신이 외면당했다는 생각 때문에 괴롭지는 않았다.

이런 상황은 그에게 익숙한 상황이었다. 그는 자신이 외면당하는 느낌을 받을 때마다 찾아오는 음울한 상태에 익숙했다. 이 상태에서 그의 인지는 제한되고, 사고 또한 차단되며, 생각이 계속 반복되고 기분이 축 가라앉는다. 이러한 상태에서 그는 어떤 감각이나 감정도 느끼지 못한다.

토마스는 자신이 언제 이러한 최면 상태에 처음으로 빠졌는지 전혀 알지 못했다. 공통점을 지닌 일련의 경험들만 기억할 수 있을 뿐이었다. 다시 말해 사람들과 접촉하려고 노력했지만 결국 거부당하는 경험들이었다. 사람들과 접촉하려는 노력이 즉시 성공하지 못할 경우 그는 무감각한 상태에 빠졌고, 거부당하는 느낌을 받았다. 그리고 사람들과 접촉하려는 시도가 결코 성공할 수 없을 것 같다는 생각이 들었다. 그러면 그날은 그에게 완전히 엉망인 날이 되었다.

처음에 토마스는 문제 상황이 종료되고 난 후에 최면을 소멸시키는 기술을 사용했다. 그는 — 앞에서 설명된 것처럼 — 차분한 상태에서 자신의 몸속으로 들어가 최면 상태를 소멸시켰다.

다음 날 저녁 그는 혼자 방에 틀어박혀 있는 상황을 더 이상 견딜 수 없었고, 밖으로 나가고 싶다는 생각이 들었다. 그래서 새로 산 셔츠를 입고 거울 속의 자기 모습을 다시 한번 바라보았다. 그는 다른 사람에게 잘 보이고 싶었다. 이때 그는 또다시 불쾌한 사실을 마주했다. 이미 자신이 다시 '우중충한' 상태, 즉 최면 상태에 빠져 있는 것이었다. 그는 즉시 이 상태를 소멸시키기 위해 시간을 가졌다. 그는 공원 벤치에 앉아 '월풀' 방법을 사용하여 '우중충함'을 소멸시키는 데 성공했다. 술집에 들어갔을 때 그는 다시 '우중충함'을 느꼈다. 하지만 이제 그는 서 있는 상태에서도 이 최면 상태를 없앨 수 있다. 어떤 일이 벌어졌을까? 오늘 그는 맥주를 성공적으로 주문했다. 게다가 세미나에서 알게 된 동기와 대화까지 나눴다. 그에게는 매우 성공적인 경험이었다. 이렇게 그는 첫걸음을 내디뎠다.

상처는 어떻게 각인되고
되살아나는가

　정신적 상처와 근심을 자주 무시하다 보면 우리 안에 존재하는 과거의 고통이 소멸될 수 없는 상태에 이를 수 있다. 그러면 과거에 상처받았던 자신은 지금까지도 보살핌을 받지 못한 상태에 놓인다. 게다가 상처의 고통에 버림받았다는 고통까지 더해진다. 말하자면 자신을 스스로 돌보지 않았다는 고통에 괴로워한다. 이렇게 우리 안의 상처받은 존재는 완전히 분리되고 고립된 채 살아간다. 가끔씩 우리는 상처받고 버림받고 배반당했다는 느낌이나 상태를 마주한다. 하지만 이러한 기분을 느끼지 않으려고 평소 때처럼 아무렇지도 않게 행동하고, 고통을 또다시 무시한다. 이를테면 음악을 틀거나 이미 오늘 세 번이나 들은 뉴스를 또 귀담아들으며, 단것을 먹거나 커피나 와인을 마신다. 아니면 옷장에 옷이 가득한데도 쇼핑을 하러 간다. 이렇게 우리는 고통에서 벗어나고 싶어 잠시도 가만히 있지 않는다. 그러면서 또다시 고통을 부인하고 우리 안의 상처받은 존재를 배반한다.

하지만 고통과 버림받았다는 슬픔은 우리 내면에서 계속 작용하고 있다. 다시 말해 이러한 고통과 슬픔이 우리의 웃음과 기쁨을 방해한다. 아무리 관심을 다른 데로 돌리려 해도 우리는 여전히 공허하고 외롭다는 느낌을 지울 수 없다. 고통과 버림받았다는 슬픔을 영원히 모른 척할 수 없다. 이러한 고통과 슬픔은 우리가 또다시 상처받거나 뭔가 일이 잘못되었을 때 우리 안에서 즉시 주도권을 잡고 장악하기 시작한다.

게다가 이런 일은 아주 쉽게 일어난다. 제대로 아물지 않은 상처는 계속해서 상처를 유발한다. 치유되지 않은 상처는 민감하고 예민하게 반응하기 때문에 과거의 고통이 반복적으로 되살아난다. 이 상처에 조금만 닿아도 우리는 과도하게 반응한다. 사소한 원인이나 계기가 과거의 고통을 불러일으킨다. 우리는 이 고통을 또다시 억압하고 억눌러야 할까? 아니면 고통을 인지하는 용기를 가져야 할까? 우리가 이 고통을 허용하고 소멸시킨다면 우리의 감정은 자유로워질 수 있다. 즉, 행복하고 싶을 때는 행복하고, 슬퍼하고 싶을 때는 슬퍼할 수 있다. 그렇게 되면 우리의 감정은 정밀 지진계처럼 작용하며, 우리가 자기 통제를 하도록 중요한 정보를 제공한다. 대부분 우리의 머리는 독보적으로 큰 영향력을 행사한다. 하지만 머리가 해결할 수 없는 한 가지가 있다. 머리는 많은 것을 알고 있으며 매우 이성적이기는 하지만 실제로 우리의 행복을 돌보지는 못한다. 행복에 도달하려면 감정이 필요하다. 그런데 감정이 과거의 고통 속에 여전히 머물러 있고 현재에 전혀 도달해 있지 않다면 어떻게 행복과 기쁨에 전념할 수 있겠는가?

주변에 있는 사람들, 이를테면 지하철이나 대기실, 카페에 앉아 있는 사람들의 얼굴을 보라. 그 사람들에게는 기뻐하고 행복해하며, 만족을 느낄 만한 이유가 있을 것이다. 하지만 그들의 표정에서 얼마나 많은 실망과 고통, 억압, 불쾌함, 경직이 엿보이는가? 얼굴에 드러나는 것은 삶의 역사뿐만이 아니다. 얼굴은 더 많은 것을 보여준다. 이를테면 그 사람이 자신의 삶을 대하는 태도, 고통에 대처하는 태도, 과거와 현재의 것을 대하는 태도가 어떠한지도 얼굴에 나타난다.

많은 사람이—현재의 모든 정황에 따르면 행복하고 만족해야 하는데도—자신의 현재의 정신적 상태가 과거의 상처에 의해 규정된다는 생각을 가지고 있다. 그들에게는 용기 있게 자신의 과거를 돌아보는 것, 특히 자신의 삶에서 오랫동안 지속되어온 상처를 돌아보는 시간이 필요하다. 그래야만 비로소 과거의 상처가 치료될 수 있다. 하지만 지금까지 했던 것과 같은 방식의 회상은 도움이 되지 않는다. 그렇게 하면 오히려 과거에 이미 보고 인식했던 내용을 반복하기만 하는 위험에 빠지게 된다. 또 지금까지 전혀 도움이 되지 못했던 과거의 결론을 또다시 끄집어내서 과거의 행동을 고착화하게 된다. 한마디로, 과거의 고통이 되살아날 뿐이다.

상처는 어떻게 되살아나는가

우리는 매일 아침 눈을 뜰 때 그날 하루를 새롭게 시작할 수 있을 것 같다는 생각을 한다. 아직까지 경험해보지 못한 다른 것을 시도하고 살아볼 수 있을 것 같다. 또 선입견 없이 모든 것에 접근하고, 새로운 시각으로 지금까지 보지 못했던 것을 볼 수 있을 것 같다. 또 이 세상을, 그리고 우리와 친밀한 사람들을 마치 처음 보듯이 바라볼 수 있을 것 같다.

이 모든 것이 불가능한 생각은 아니다. 우리는 생각보다 훨씬 다채로운 존재다. 삶의 다양한 상황과 정황은 우리 내면의 다른 측면을 일깨운다. 배우에게는—어느 정도 제한적이기는 하지만—이것이 직업적 일상이다. 배우는 실제로 자신이 맡은 새로운 배역에 빠져들고 모든 것을 그 배역의 관점으로 바라보며, 그 배역의 위치에서 말하고 행동한다. 즉흥 연극을 해야 하는 경우에는 사전 연습을 하거나 대사를 미리 외울 수 없다. 이러한 경우에는 배우가 즉흥적으로 연기를 해야 한다. 즉, 배역의 특성이 배우에게도 존재해야 한다. 그렇지만 배역의 모습과 무대에서 다시 퇴장한 배우는 서로 구분된다.

모든 인간은 자기 안에 서로 다른 '측면' — 말하자면 자극과 정보의 상이한 가공 방식 — 을 가지고 있기 때문에, 각 측면이 갈등을 일으킬 수 있다. 예를 들어 한 측면이 다른 측면을 억눌러 활성화되지 못하도록 한다. 지배당하는 측면은 자신을 억압하고 지배하는 측면이 다시 약해지는 순간만을 기다리다가 기회를 포착하여 주도권을 쥔다. 이러한 내면적 갈등을 해소하기 위해서 심리 요법에서는 역할극과 대화가 투입된다. 역할극과 대화를 통해 각 측면들을 의식하고 서로 화해시키고 통합할 수 있게 된다. 이를 통해 심리 치료를 받는 사람은 자신의 또 다른 가능성을 인식하고, 익숙한 자아와 자신의 관점을 상대적으로 볼 수 있다. 또 선택하고 계량할 수 있으며, 자신의 가능성을 관리하고 다스릴 수 있다.

그러므로 모든 것을 완전히 다르게 보고 다른 방식으로 접근하는 것이 중요하다. 하지만 우리가 원한다고 해서 무조건 새로운 날이 우리에게 열리거나 우리의 가능성을 새롭게 인식할 수 있는 것은 아니다. 심리 치료를 받으면서 자신의 다른 측면과 이에 따르는 자유로운 사고방식과 감정, 상태를 발견했다고 해도 그리 간단치 않다. 지난 수십 년 동안 받아들인 과거의 정체성이 훨씬 강하기 때문이다. 우리는 익숙한 발자취 속에서 금방 다시 과거의 모습으로 돌아가 과거의 이야기를 한다. 과거의 익숙한 정체성이 다시 우리를 지배하는 것이다.

익숙한 것이 좋다

우리의 사고와 인지에 영향을 주는 뇌는 일종의 경제 원칙과 단순화의 원칙을 따른다. 뇌는 우리에게 익숙해진 세상을 되도록 단순하게 구성하고, 세상의 복잡함을 포괄적으로 축소시키려고 한다. 우리에게 이미 익숙한 것을 재인식하는 편이 모든 것을 끊임없이 처음으로 관찰하고 완전히 새롭게 대하는 것보다 훨씬 쉽고 경제적이다.

우리 자신을 바라보는 것도 마찬가지다. 말하자면 우리의 인지는 우리에게 익숙한 것이나 기존 이미지를 끊임없이 재생하려고 한다. 그렇기 때문에 우리는 종종 우리가 이미 보아왔던 것만을 본다. 만약 우리 눈에 띄는 것이 너무 없거나 말 그대로 우리가 그것 때문에 낭패를 볼 수도 있을 때 부득이하게 부족한 것을 보충하고 새로운 것을 파악한다. 또한 뇌는 매번 모든 것을 새롭게 탐색하고 깊이 생각하는 것보다 기존의 연결 고리들을 사용한다.

이러한 현상은 심지어 우리가 익숙한 것 때문에 괴로워서 치료를 받거나 책을 읽는 등 변화를 꾀하려 노력할 때에도 벌어진다. 이 모든 것은 결국 경제성의 원칙을 따르고, 너무 많은 변화와 복잡성으로부터 우리 자신을 지키려는 뇌 때문이다. 이러한 식으로 우리에게 '선의'를 보이는— 결과적으로는 적이라고 볼 수 있는— 뇌로부터 우리는 쉽사리 벗어나지 못한다. 자기 자신을 변화시키는 과제는 마치 어떤 곤경에 처하든지 자기 혼자 힘으로 빠져나왔다고 떠벌린 유명한 뮌히하우젠Münchhausen 남작(18세기 독일의 귀족. 자신의 무용담을 주위에 과장해서 전한 것으로 유명하며, 단편집《허풍선이 남작의 모험》의 주인공이다.—옮긴이)의 모험과 견줄 만하다. 다시 말해 우리는 우리의 인지와 사고를 동원하여 익숙한 것으로부터, 그리고 우리의 인지와 사고 기제로부터 자유롭게 해방되고자 노력해야 한다.

물론 우리 주변의 사람들 역시 안정된 관계에 큰 관심을 가지고 있다. 그리고 그들은 항상 자신에게 익숙한 우리의 과거 모습만을 생각하려고 한다. 그렇다면 우리 자신은? 우리도 능동적으로 여기에 한몫을 하고 있다. 이를테면 우리가 경험한 내용, 그리고 우리가 누구인지에 대해 항상 같은 이야기만을 하며, 이로 말미암아 우리가 자기 자신에 대해 가지는 이미지와 표상을 유지한다. 이런 이미지와 표상이 가끔은 실제 모습에서 더 많이 벗어나 있는데도 말이다. 우리는 침대 옆 테이블에 놓인 알약을 바라보면서 지금까지 자신이 어떤 진단을 받았는지 모든 병력을 반복적으로 떠올린다. 무릎이 이제는 많이 나아졌는데도 이 사실을 전혀 인지하지 못할 수도 있다. 누군가 안부를 물으면 우리는 어제 말했던 내용을 반복한다. 주변 사람들에게만 이렇게 말하는 것이 아니라, 자기 자신에게도 이렇게 혼잣말을 한다. 그리고 그것이 사실이라고 믿고 간주한다. 이를 통해 우리가 자신의 괴로움을 재생시킨다는 사실을 전혀 인식하지 못한다.

우리는 직장에서 늘 상사를 반복해서 본다. 상사를 볼 때마다 우리 안에서 특정한 양상의 사고와 느낌, 신체 상태가 유발된다. 그리고 우리는 또다시 익숙한 방식으로 이에 반응한다. 이를테면 스스로 압박감을 조성하고 일에 대한 흥미를 잃으며, 조기 퇴사를 생각한다. 이러한 생각은 또다시 우리의 사기를 떨어뜨리며, 일 때문에 더 괴로워하는 결과로 이어질 뿐이다. 한때는 즐거워하며 했던 일인데도 말이다. 퇴근하고 집으로 돌아오면 배우자가 우리의 얼굴을 본다. 배우자가 우리의 얼굴에서 무언가를 감지하면 이것이 또 우리에게 영향을 미친다. 그리고 그 영향이 우리의 행동과 얼굴 표정, 몸짓에 드러난다. 최근에 배우자와 유익한 대화를 나누면서 앞으로 어떻게 하겠다는 결심을 다졌음에도 불구하고 지금까지 늘 그랬던 것처럼 모든 것이 반복된다……. 말하자면 우리는 일종의 새장 안에 갇혀 있는 것이다. 이 새장은 우리의 머릿속에, 제한된 인지 속에, 그리고 제한된 인지에 바탕을 둔 굳어진 우리의 사고 속에 존재한다. 새장의 창살, 이것은 우리에게 익숙한 것이며, 우리가 늘 이야기하지만 어쩌면 오래전부터 우리가 인지하지 못하는, 그리고 언제나 매우 일방적이었던 우리의 과거 이야기다. 이러한 과거가 지금도 작용하고 있다.

기억은 상대적이다

자신의 형제자매에게 부모가 어떤 사람이냐고 물어보면 서로 다르게 이야기하는 경우가 많다. 마치 그들의 부모가 완전히 다른 사람인 것처럼 말이다. 공통적인 몇 가지 사실이 있겠지만, 누구에게는 아버지가 인색한 사람이었고, 누구에게는 너그럽게 베푸는 사람이었다. 또 누구에게는 어머니가 엄한 사람이었던 반면, 누구에게는 이해심이 많고 착한 어머니였다. 또 모든 형제자매가 함께 경험한 이사에 대해서도 완전히 다르게 이야기한다. 각각 이삿날을 어떻게 기억하고 있는가? 어떤 기억이 숨겨지고 망각되었는가? 또 어떤 내용이 추가되었는가? 어떤 면이 부각되며, 어떤 인상으로 기억되고 있는가?

기억은 언제나 독창적인 행위이기도 하다. 기억에서는 하루가 3분으로 요약되기도 하고, 몇 년에 걸친 괴로움이 15분 정도로 요약되기도 한다. 우리가 무언가를 이야기할 때는 일반적으로 어떤 하나의 구상을 가지고 이야기한다. 다시 말해 하나의 관점에 따라 인지하고, 그 관점에 따라 무엇이 중요하며 이야기할 만한 가치가 있는지 생각한다. 이야기하는 사람은 삶에 대해, 다른 사람에 대해, 그리고 자기 자신에 대해 하나의 이념을 가지고 있다. 또 이야기를 할 때에는 항상 의도를 가지고 있다. 그 의도가 단순히 듣는 사람이 지루해하지 않게 하는 것이라도 말이다. 이야기를 하는 사람은 자신이 원하든 원치 않든 자신을 드러낸다. 또한 자신이 이야기하고 있는 내용과 어떤 관계인지도 드러낸다. 듣는 사람과의 관계도 중요한 역할을 한다. 사람들은 똑같은 하나의 사건에 대해서 이야기할 때 친한 사람들한테 이야기하는 내용과 상사나 판사에게 이야기하는 내용이 다르다. 말하자면 모든 역사는 일종의 연출이다.

또한 우리가 항상 우리 자신에 대해 이야기하는 역사도 하나의 구성물이다. 우리 주변에서 일어나는 일들과 우리의 익숙한 인지와 판단이 우리에게 끊임없이 이야기해주는 것 역시 일종의 '졸작'이다. 우리는 자신이 이야기하는 것과 실제로 일어난 일을 혼동하는 경향이 있다. 기억은 정적이지 않으며, 끊임없이 변화한다. 그리고 실제로 벌어진 사건으로부터 점점 더 멀어진다. 과거의 일에 대해 이야기할 때도, 문제의 사건을 기억하는 것이 아니라 우리가 이에 대해 이야기했던 내용을 기억한다. 우리가 했던 이야기를 자주 기억할수록 그 이야기를 더 강하게 믿게 되고, 그것을 사실이라고 간주한다. 우리는 이러한 이야기로부터 우리가 정체성이라 부르는 것을 형성한다. 우리가 무엇을 기억하며, 그것을 어떻게 이야기하고 어떻게 전달하며 어떻게 인지하는지는 항상 우리에게 영향을 미친다. 그리고 넌지시 우리의 프로그램과 구상, 기대가 옳다고 승인해준다. 이것은 다시 우리의 사고와 감정, 신체 상태에 영향을 준다. 말하자면 우리의 이야기가 우리를 만들어내는 것이다!

상처는 어떻게 경험으로 각인되는가

경험은 아주 기묘한 개념이다. 이를테면 우리 앞에 세상을 많이 돌아다니고 이에 대해 많은 이야기를 들려줄 수 있는 원숙한 나이의 한 남성이 있다. 어쩌면 그는 세계 곳곳을 돌아다니면서 많은 것들을 경험한 선원일지도 모른다. 그가 이야기하는 내용은 그저 항해에 관한 내용이거나 세상의 다른 지역에서 일어나는 이야기, 다른 민족의 관습과 풍속에 그칠 수 있다. 그런데 관용적으로 사용되는 경험은 이보다 훨씬 더 많은 것을 의미한다. 말하자면 경험은 자신이 체험한 것으로부터 끌어내는 결론이다. 여러 사람이 같은 장소에서 같은 내용을 경험했다고 해도 각자 다르게 경험하고 이해했을 수 있다. 이에 따라 같은 사건에 대해 각각 전혀 다른 이야기를 하게 되며 다른 결론을 도출한다. 인간은 경험을 '만든다'. 다시 말해 같은 사건이라도 완전히 다른 경험으로 이어질 수 있다. 이렇게 완전히 다른 경험은 자동적으로 또는 저절로 생기지 않는다. 말하자면 각각의 개인은 자신의 경험에 확실한 영향을 미치며, 실제 사건에는 이보다 영향을 덜 끼친다.

전쟁에서의 끔찍한 작전을 상상해보자. 이 작전을 위해 파견된 군인들은 기적처럼 살아남았고, 그들이 갇혀 있던 고립 지대에서 큰 부상 없이 벗어날 수 있었다. 이것은 그들이 함께 겪은 내용이었다. 그런데 같은 내용을 겪은 그들은 각각 다른 경험을 했다. 생존자 중 한 사람은 인간이 짐승이라는 결론을 마음에 품었다. 그는 다시는 사람에 대한 믿음을 갖지 못했다. 그래서 자신이 기르는 개를 데리고 외롭게 마을 여기저기를 돌아다녔다. 가끔씩 사람들은 그가 술집 테이블에 혼자 앉아 있는 모습을 보기도 했다. 또 다른 생존자는 과거의 적군을 비방하는 선동 연설을 하고 다녔다. 세 번째 생존자는 말년에 평화와 이해 증진을 위한 일에 전념했다. 그 대가로 비방을 당하고 무리에서 배제되는 결과를 감수해야 했다. 이 세 남성은 같은 것을 겪었지만 각각 다른 경험을 했다. 그들이 끌어낸 결론은 그 밖의 다른 모든 것을 설명해주는 표준이 된다.

경험은 삶을 단순화하는 데 기여한다. 말하자면 경험은 인간이 자기 자신에 대해 만들어놓은 이미지를 고정시킨다. 그리고 인간이 다른 사람이나 집단, 또는 세계에 대해 품고 있는 생각도 고정시킨다. 경험은 일종의 프로그램이다. 모든 것은 프로그램을 통해 유지되고, 프로그램에 따라 방향이 결정된다. 프로그램은 아주 단순할 수 있다. 이를테면 책임 전가 같은 내용을 담을 수 있다. 하지만 인간은 이러한 단순함과 수월함을 얻는 대신, 그 자신의 관점이 일방적이고 편협해지며, 이제부터는 모든 것이 반복된다. 프로그램은 인간이 자신의 세상을 인지하는 필터와 같다. 이 필터를 통과하지 않는 것은 외부에 머물러 있다. 이를테면 필터에 부합하지 않는 사실은 인식되지 않거나 프로그램에 상응하게 해석되고 처리된다. 프로그램에 위배되는 모든 것은 무시되거나 부정된다. 프로그램은 있는 그대로의 삶과 분리되어 있다.

경험은 ― 다른 모든 프로그램들도 그렇듯이 ― 옳음을 증명하는 것을 목표로 한다. 결국 자신이 옳았음을 증명하기 위해 가능한 모든 수단을 감행한다. 그 결과 프로그램은 시간이 흐를수록 더 막강해진다. 어쩌면 우리는 과거에 겪었던 일에 대해 더 이상 아무것도 기억하지 못할 수도 있다. 과거의 경험은 잊어버렸어도 프로그램은 계속해서 작용한다. 프로그램이 우리의 인지와 사고를 결정하고 제한하기 때문에 프로그램 자체를 발견하기란 그렇게 쉽지 않다. "프로그램이란 게 원래 그런 거 아니야?" 우리는 이렇게 물을 것이다. 왜냐하면 우리는 실제 사실을 우리의 익숙한 관점대로 보려고 하기 때문이다.

경험으로 각인되는 것

우리가 겪는 모든 것이 경험이 되는 것은 결코 아니며, 프로그램처럼 작동할 수도 없다. 많은 사람들이 의식적으로 작동시키는 프로그램들, 예를 들면 작심삼일로 끝나는 수많은 새해 다짐들도 마찬가지다. 무언가가 내면에 깊이 각인되어 프로그램화되려면 다른 어떤 것이 추가되어야 한다. 바로 감정의 깊은 관여다. 그런데 대체로 감정의 강도는 기쁘고 행복할 때보다 정신적으로 상처받고 고통스러울 때 훨씬 강하다. 그렇기 때문에 정신적 상처와 고통의 경험이 아주 깊게 각인될 수 있다. 다시는 이러한 경험이 발생하지 않도록 말이다. 그러므로 이에 상응하는 프로그램이 보호 기능을 가질 수 있다. 다시 말해 감정적 경험이 강렬할수록 프로그램은 작동이 잘되고 일방적이다.

엘프리데는 사람들과 잘 어울리지 못한다. 그녀는 금세 아웃사이더가 된다. 결국 그녀는 집단에서 배제되고 상처를 입는다. 그녀는 이러한 경험을 여러 번 했다. 예를 들어 세미나가 끝난 후 사람들이 피자를 먹으러 가는데도 그녀는 끼지 못한다. 아무도 그녀에게 같이 가자는 말을 하지 않아서다. 가끔은 그녀가 용기를 내서 먼저 다가갈 때가 있다. 하지만 번번

이 퇴짜를 맞는다. 이러한 경험은 그녀에게 더 큰 상처를 준다. 그녀는 자신을 거절하는 부정적인 답변을 들었다고 생각한다. 하지만 자신이 왜 그러한 부정적인 답변을 들어야 하는지를 전혀 알 수가 없다.

비슷한 과정의 반복은 일종의 프로그램으로 볼 수 있다. 엘프리데는 사람들과 더 많은 접촉을 하고 싶어 한다. 그리고 사람들의 무리에 끼어 함께 포도주를 마시면서 웃을 수 있다면 얼마나 좋을까 상상도 한다. 그녀는 자기 자신에게 어떤 결함이 있는지 알 수가 없다. 어느 회의 자리에서 그녀는 자신을 상처로부터 보호하는 자신의 프로그램이 결국 자신에게 또다시 상처를 준다는 사실을 깨달았다. 그녀는 이 책에 제시된 방법들을 사용하면서부터 집단 한가운데 앉아 있는 자신의 모습을 보고 깜짝 놀랐다. 또 자신이 과거에 어떻게 사람들과 접촉했는지를 기억하자 그것이 자신에게 얼마나 힘든 일이었으며, 심지어 상대의 마음을 끌지도 못했다는 사실을 깨달았다. 그녀는 자신이 억지로 주도권을 잡았을 때 자신의 마음속이 어떠했는지를 깨달았다. 그녀는 다시 소외될지도 모른다는 두려움을 느꼈다. 하지만 결국 이러한 긴장과 두려움은 다른 사람들이 그녀와 함께 있을 때 불편하게 느끼도록 만들 뿐이었다. 그녀 스스로 자신이 극복해야 할 문제를 야기했던 것이다.

나의 정체성을 형성하는 경험들

우리가 말하는 모든 이야기가 우리 내면에 각인되지는 않는다. 우리가 자신에게 또는 다른 사람에게 새로운 이야기를 하려고 노력할 때조차 종종 그 이야기가 임의적이고 바뀔 수 있는 이야기처럼 느껴진다. 새로운 이야기가 어느 정도의 시간 동안 유지되기는 하겠지만, 스트레스를 받거나 약점이 나타나는 순간에는 다시 과거의 프로그램이 작동된다. 이야기는 경험과 마찬가지로 우리에게 각인된다. 특히 우리의 감정적 관여가 가장 강렬할 때 그렇다. 여기에서도 중요한 사실은 우리가 깊은 상처를 받는 동안에는 행복감을 느낄 수 없다는 것이다. 그렇기 때문에 우리는 힘들었던 이야기를 더 잘 떠올린다. 우리가 불행을 느끼는 이유는 바로 이러한 힘든 경험이 우리의 정체성을 형성하고 나아가 삶에 대한 우리의 감정을 각인하기 때문이다. 우리가 다른 이야기를 했다면 아마도 우리에게 다른 정체성이 형성되었을 것이다.

상처를 받아 감정적으로 격앙된 순간에는 우리의 인지가 고통 때문에 제한된다. 그 순간에 오로지 고통만을 인지하며, 일어나서는 안 되는 일이 일어났다는 생각만 한다. 시간이 지나면 이러한 일방적인 관점과 자신을 동일시한다. 일방적인 관점에는 괴로움이나 포기가 내포되어 있더라도 항상 그것이 진실임을 증명하려고 한다. 이렇게 다음에 받을 정신적 상처의 초석이 마련된다.

이러한 사실은 앞에서 언급한 엘프리데의 사례에서 발견된다. 즉, 엘프리데는 회의실에 들어왔을 때 이미 자신이 마치 어린 시절에 겪었듯이 따돌림이나 소외를 당하고 있는 것처럼 행동한다는 사실을 발견했다. 그녀는 어렸을 때처럼 거절당한 꼬마 소녀가 느꼈던 두려움과 불안감을 느꼈다. 미리 긴장해서 몸을 움츠렸고, 자신이 무리에서 배제됐다고 느꼈다. 그 결과 회의에 참석한 다른 사람의 친절하고 호의적인 질문을 제대로 귀담아 듣지 못하고 그저 고개만 끄덕이며 대답했을 뿐이다. 이러한 그녀의 행동은 건방지고 불손하다는 인상을 주었다. 결국 그녀를 보호하기 위해 작동된 프로그램은 이 모든 과정이 반복되도록 했고, 자신이 무엇을 두려워하는지를 확인시켜줄 뿐이었다.

나는 이 책의 마지막 부분에서 엘프리데의 사례를 다시 거론할 예정이다. 그리고 그녀가 자신의 편협한 프로그램에서 벗어나 어떤 결정적인 조치를 취했고, 그녀가 얼마나 간단하게 문제를 해결할 수 있었는지를 확인하고자 한다.

새로운 관점으로
나와 다시 마주하기

　상처의 고통은 독립적으로 관찰될 수 없다. 현재의 고통 속에서 과거의 상처로 말미암은 예전의 고통도 감지된다. 특히 과거의 고통을 소멸시키지 못했을 때에 그러하다. 비교적 사소한 상처를 받아도 과거의 상처들이 되살아나서 고통을 불러일으킬 수 있다. 아주 하찮은 원인이 큰 결과를 불러올 수 있으며, 잘 모르는 사람들 눈에는 이런 행동이 과장되고 부적절하게 보일 수 있다. 그러면 그 사람들은 거리를 두게 되며, 이는 다시 과거의 또 다른 상처를 뒤흔드는 결과를 가져온다. 무엇보다 과거의 상처가 해결되지 않으면 추가로 따라오는 괴로움에 시달린다. 이러한 괴로움은 계속 반복되고, 오래 지속되며, 더욱 강렬해진다.

공간적, 시간적 거리를 마련하라

우리가 과거의 상처에 집착하는 데에는 나름의 충분한 이유가 있다. 과연 우리의 기억이 과거의 고통을 다시 건드리거나 되살아나지 않도록 할 수 있을까? 상처받은 사람은 끊임없이 맴도는 고통의 수레바퀴 속에 빠진다. 이 수레바퀴는 점점 더 빠르고 강렬하게 돌 것이다. 이러한 위험을 막기 위해서 당신은 다음에 제시되는 매우 구체적인 지시 사항을 지키는 것이 좋다. 이 지시 사항을 지킨다면 당신은 용기를 내서 과감하게 자신의 이야기를 직면할 수 있을 것이다. 당신의 이야기는 이미 오래전부터 효력을 발생시키고 있으며, 지금까지 그 이야기가 당신을 제어해왔다. 당신이 자신의 이야기를 의식적으로 들여다보고 적극적으로 대응한다면 괴로움이 조금은 줄어들 것이다. 그러면 당신은 자신의 이야기를 객관적으로 조망할 수 있으며 침착하게 되돌아볼 수 있다.

문제 상황을 명료하게 떠올리기

기억은 일종의 구성된 표상이다. 당신이 자신의 과거에 집착할 때나 어떤 특정한 상황, 예를 들면 당신의 상처를 기억할 때 의식적으로 지금까지와는 다르게 떠올리도록 애를 써보라. 즉, 되도록 그 상황의 감각적, 시각적 인상을 떠올려보는 것이다.

그렇게 하면 당신이 평소 그 상황에 대해 이야기했던 것을 반복하지 않을 수 있다. 말하자면 문제 상황의 수많은 복사판의 복사판의 복사판을 떠올리는 것이 아니라, '원작'을 떠올리려고 노력하라.

기억을 공간적으로 살펴보기

당신 주변에 충분한 공간을 확보할 수 있는 장소에 앉거나 서보길 바란다. 긴 밴드나 끈을 준비할 수 있다면 매우 좋다. 밴드나 끈이 있으면 시간의 흐름을 보다 잘 상상할 수 있다.

기억을 떠올릴 때 다음과 같은 질문을 해본다. 당신은 자기 자신을 기준으로 보았을 때 공간적으로 어디에서 과거를 경험하는가? 당신의 앞, 아니면 뒤? 오른쪽, 아니면 왼쪽? 아니면 그 사이 어디쯤?

과거를 생각할 때 미래를 포함해서 생각한다면 생각이 더욱 뚜렷해질 것이다. 미래는 어디에 놓여 있는가? 과거와 미래 사이에 어떤 연결 고리가 있는가? 미래는 과거의 연장인가? 과거와 미래를 연상시키는 밴드나 끈을 펴놓고 보라. 당신이 위치한 자리가 현재다.

과거와 미래가 하나의 연속체인가? 만약 그렇지 않다면 이 둘을 연결시킨다고 상상해보라. 과거와 미래를 연결한 형태가 직선의 모습을 띠고 있는가? 아니면 시간의 흐름이 마치 꼬불

꼬불한 길이나 엉클어진 실타래처럼 보이는가? 이 밴드에서 어떤 부분이(예를 들면 당신의 과거) 당신의 등 뒤에 놓여 있어서 제대로 보이지 않는가? 그리고 그것은 당신에게 다시 어떤 작용을 하는가?

이 실험에서 과거가 당신의 뒤에 놓여 있다면 위협적으로 느껴질 수 있다. 과거가 여전히 지금도 뒤엉켜 있다면 마음을 짓누르는 작용이 계속 고조될 수 있다. 과거와 미래의 연속체를 한 줄로 된 선처럼 당신 앞에 펴놓는다. 왼쪽에서 오른쪽으로 펴놓는 것이 가장 좋다. 당신이 이 시간의 선 위에 서 있거나 너무 가까이 있다면 약간 뒤로 물러나라. 그러면 당신은 간격을 유지하고 시간의 흐름을 잘 조망할 수 있다.

위치를 수정하기 위해 끈을 다시 펴놓아야 한다면 몇 가지 삶의 사건들을 끈 위에 '지정'하는 것, 말하자면 그 사건들이 선 위에 있다고 상상하는 것이 좋다. 예를 들어 당신이 처음 학교에 입학한 때는 언제인가? 당신은 언제 이사를 했는가? 선의

과거   미래

현재

한쪽 끝은 당신의 출생을, 다른 한쪽 끝은 아직 미정인 삶의 끝을 나타낸다.

공간적인 거리를 두고 자신의 인생 경로를 바라보기

당신이 과거에 집착하고 있다면 또다시 자신의 상처로 괴로워하지 않도록 간격을 유지하는 것이 좋다. 위의 실험을 할 때 당신은 선에서 물러남으로써 더 많은 내면적 거리를 확보하고 자신의 상처를 더 객관적으로 조망할 수 있었다. 선에서 더 많이 물러날 수도 있다. 또 산이나 탑에 올라가서 그곳에서 모든 것을 바라보는 상상을 하는 것도 도움이 될 것이다. 그곳에서 편안한 안락의자에 앉아 조망한다고 상상하면 더할 나위 없이 좋을 것이다. 또는 '망원경'을 가지고 바라본다고 상상할 수도 있다. 그 효과는 이미 당신이 알고 있을 것이다. 망원경은 늘 당신 곁에 있으며, 당신이 자신의 인생을 바라볼 때 언제나 훌륭한 도움을 줄 수 있다.

중요한 것은 인지를 하는 것이다. 이미 했던 생각을 반복하기만 하는 것은 도움이 되지 못한다. 만약 당신이 또다시 이러한 반복적인 생각에 빠지는 자신의 모습에 깜짝 놀란다면 당신은 인지 능력을 되찾은 것이다. 당신이 이러한 준비를 마쳤다면 두려워하지 않고 자신의 삶을 새롭게 바라볼 수 있다.

시간적 간격을 두고 인지하기

당신은 이미 이 책의 여러 곳에서 자기 자신과 상처를 입은 상황에 대해 공간적 거리를 확보하는 연습을 시도해보았고, 공간적 거리감을 확보하면 괴로움이 줄어들며 보다 신중하고 사려 깊게 반응할 수 있다는 사실을 경험했다. 공간적 거리와 함께 시간적 간격을 두고 인지하는 것도 가능하다. 당신은 상황과 요구에 따라 이러한 시간적 간격을 선택할 수 있다.

상처를 떠올리고 다음과 같은 질문을 해보라. 다음 날 저녁이 되었을 때 그 상처가 어떻게 느껴졌는가? 오늘 그 상처를 다시 떠올리고 똑같은 질문을 해보라. 그 상처가 지금은 당신에게 어떻게 작용하는가? 어떤 다른 변화가 감지되는가? 6개월 후 상처를 다시 떠올린다고 생각해보라. 무엇이 문제였는가? 무엇이 변화했는가? 최근의 사건을 이와 비슷한 시간적 간격을 가지고 떠올려보라. 또 당신의 감정과 신체 상태가 어떻게 변화할 것인지도 상상해보라. 공간적 거리처럼 시간적 거리도 고통을 덜 느끼게 하고 상처로부터 지배받지 않도록 도와준다.

베아테는 다른 회사와 이미 새로운 계약서를 작성한 상태였다. 그녀는 승승장구하라는 격려와 꽃다발을 받으며 회사를 떠나는 날을 상상했다. 그녀는 자신의 동료가 일삼던 야비한 언행을 지금 이 시점에서 바라보았다. 그녀는 자신이 더 이상

이 회사에 속하지 않는다고 생각한 후부터 지난 며칠 동안 일어났던 사건들을 흥미진진하게 바라볼 수 있게 되었다.

헬레네는 자신의 아들이 6개월 후에 이사를 간다는 사실에 마음이 홀가분했다. 아들이 이사를 나가면 집에 다시 평화가 찾아올 것 같았다. 이제 그녀는 이삿짐을 실은 용달차를 향해 손짓하고 비어 있는 아들의 방을 돌아다닐 그 시점에서 자신에게 상처를 주는 아들의 행동을 바라보았다. 그녀는 긴장이 풀리고 차분해짐을 느꼈고, 이삿날까지 아주 확실하게 자신의 한계를 지킬 수 있었다.

시간을 초월한 장소에서 인지하기

시간을 초월한 장소를 상상해보라. 그곳에서 자기 자신과 당신이 현재 겪고 있는 상황을 큰 맥락으로 바라본다. 말하자면 그곳에서 생성과 소멸, 인간이 경험하는 현상을 바라본다. 심지어는 공동묘지에 가서 자신의 묘비 옆 벤치에 앉아 있는 상상을 하는 사람들도 있고, 아니면 구름을 타고 올라가 그곳에서 자신의 삶을—마치 친구가 그렇게 하듯이—동정심을 가지고 바라보는 상상을 하는 사람들도 있다. 상상 속에서 이러한 장소를 발견한 후 자기 자신에게 이렇게 질문해보라.

그곳에서 바라볼 때 나의 상처가 어떤 가치를 지니고 있는가? 이러한 광대한 시간적 거리로 말미암아 나는 어떤 인식을 할 수 있게 되는가? 이러한 인식이 나의 현재의 삶에 어떤 영향을 미칠 수 있으며, 어떻게 나의 발전을 촉진시킬 수 있는가? 나는 이 장소에서 어떤 활동 여지와 가능성을 발견할 수 있는가? 예를 들면 현재 상황을 꾹 참는 것이 도움이 되는가, 아니면 능동적이 되어 상황을 변화시키는 것이 도움이 되는가? 어떻게, 어떤 방식으로? 내가 상상하는 위치에서 내가 처한 상황에 대해 나 자신에게 어떤 조언을 할 수 있는가? 그곳에서 사랑과 이해, 응원을 나 자신에게 보낸다면 어떨까?

다시 현재 상황으로 돌아왔을 때, 당신이 방금 인식한, 또는 자기 자신에게 보낸 모든 것에 대하여 마음을 열 수 있는가?

과거의 상처를 말로 표현해서 털어내라

정신적 상처를 받은 후에 제일 먼저 찾아오는 충동 중 하나는 다른 사람에게 이야기하고 싶은 충동이다. 우리는 다른 사람에게 자신의 상처를 이야기함으로써 우리가 경험한 내용을 가공하고 이를 '포착'할 수 있다. 다른 사람이 우리의 상처에 별로 관심이 없다고 하더라도 ─ 그들에게도 그들만의 상처가 있고, 우리처럼 좋은 이야기, 해피 엔드의 이야기를 듣고 싶어 한다.─다른 사람에게 이야기하는 것은 우리에게 도움이 된다. 우리가 경험한 내용은 거리감을 가지고 바라볼 때 괴로움을 덜 수 있다. 또한 과거의 우울한 경험을 언어라는 형식을 빌려 표현하면 더 많은 내면적 거리감을 확보하게 된다. 이렇게 말로 표현함으로써 과거의 우울한 경험이 우리를 휘두르는 힘을 빼앗을 수 있다. 경험한 내용이 여전히 우리 안에 남아 있더라도, 그 내용은 우리가 부여한 언어적 형태 속에 갇히게 된다. 말하자면 우리의 언어로 경험한 내용을 '압도'한 것이다.

문제 상황을 한 장 또는 여러 장의 그림을 그려가며 이야기하는 사람들이 있다. 이야기를 듣는 사람이 그림과 사건 사이의 맥락을 제대로 인식하지 못할 때조차 이 방법은 매우 훌륭한 기능을 한다. 또 어떤 사람들에게는 언어적 방식이 더 적합하다. 언어적 표현 방식은 일기나 시, 풍자, 동화에 이르기까지 다양한 형태로 존재한다. 당신이 자신의 이야기를 전달하고 마음의 짐을 덜기 위해서는 문학으로부터 배울 만한 것이 많다. 쓰는 것보다는 이야기하는 것만을 원하더라도 말이다.

소설가는 첫 줄을 쓰기 전에 이미 소설 내용이 어떻게 진행되면 좋을지 매우 많은 생각을 한다. 어떤 관점에서 이야기를 전개시켜야 할까? 피해자의 시점에서? 탐정의 시점에서? 범인의 시점에서? 주인공이 기르는 개나 고양이의 시점에서? 아니면 모든 것이 완전히 새롭고 경이적인 외계인의 시점에서? 아니면 차라리 거리를 둔 화자가 이야기를 전개하는 것이 더 나을까? 이 화자는 모든 것을 알고 있는가, 아니면 제한적으로 조망하고 있는가? 마지막 페이지까지 화자에게 숨겨져 있는 것은 무엇인가? 화자는 어떤 시간대에서 이야기하고 있는가? 사건이 벌어지고 있는 동일한 시간에? 아니면 사건이 끝난 후에? 화자가 한 시간대에서 다른 시간대로, 또는 전후로 넘나드는가? 또 화자가 중간중간 관점을 바꾸기도 하는가? 문제가 복잡하게 얽혀 있는가? 주인공은 변화하는가? 다른 인물들도 변화를 경험하는가? 주인공이 변화를 막으려고 하지만 실패하는가? 소설의 결말 또한 잊어서는 안 된다. 해피 엔드인가, 비극적인 결말인가, 아니면 열린 결말인가?

우리 역시 자신의 이야기를 이러저러하게 작성할 수 있다. 대부분 우리는 정신적 상처를 이야기할 때 피해자의 관점에서 이야기한다. 피해자 관점의 화자는 모든 것을 알고 있지 못하며, 피해자의 관점에 제한되어 있다. 그리고 대부분 상처를 받은 시점 직후의 이야기에 머물러 있다. 하지만 우리가 사건을 새롭게 관찰하고 다른 방식으로 이야기를 한다면 우리는 다른 정체성을 얻고, 나아가 다른 삶의 감정들을 얻을 수 있을 것이다. 이야기를 구성할 때 당신이 경험한 내용은 바꾸지 말고 기술적으로만 살짝 변화를 주는 것이 좋다. 말하자면 경험한 내용을 미화시키지 않는 것이 중요하다.

당신은 어떤 관점에서 사건을 이야기하고 싶은가

☐ 반려 동물의 관점에서?

☐ 지구를 정찰하러 온 외계인의 관점에서?

☐ 특종 리포터의 관점에서?

☐ 모든 것을 마치 회계사처럼 기록할 것인가?

☐ 지혜로운 할아버지나 자애로운 할머니의 관점에서 이야기
할 것인가?

☐ 뉴스처럼 기록할 것인가?

☐ 나쁜 일을 막느라 매우 바빠서 제때 나타나지 않는 수호
천사의 입장에서 기록할 것인가?

당신의 시간적인 관점은 어떠한가

당신은 모든 것을 시간적으로 사건과 동시간대에서 이야기하
는가? 아니면 회고하면서 사건을 이야기하는가? 아니면 모든
어려움을 겪은 후 결국 모든 것을 잘 이겨낼 것이라는 사실을
알고 사건을 이야기하는가?

당신의 역할은 무엇인가

당신은 주인공으로서 사건의 진행과 발전을 경험하는가? 당
신은 영화 속에서 배역을 연기하는가? 당신은 어떤 다른 이야
기를 더 할 수 있는가? 당신은 화자로서 지금까지 어떤 다른

이야기를 간과하거나 잊었는가? 당신 편에 서 있는 누군가가 있는가? 누군가 당신에게 도움을 주었는가?

당신의 과거를 새롭게 바라보고 당신의 이야기를 다르게 관찰하면서 이야기해보도록 하라. 당신에게 익숙한 관점에서 해방되고 싶다면 여러 관점에서 이야기를 시도해보는 것이 도움이 된다. 또 그러한 실험 후에 당신에게 어떠한 변화가 생겼는지 감지하는 것도 잊지 말기 바란다.

상처를 성장의 발판으로 삼아라

우리는 대부분 정신적 상처를 받았을 때 그것을 축제로 여기거나 의연하게 대처하지 못한다. 하지만 상처로 인한 고통은 의식을 더 높은 단계로 이끄는 초대장과 같은 것이다. 상처 없는 삶에 대해 한번 상상해보라. 상처가 없었다면 당신은 어떤 사람이었을까?

미카엘은 자신이 젊었을 때 투기꾼이 될 뻔한 위험에 처했다고 이야기했다. 그는 한 휴양지에서 자랐고, 어른이 되어서는 소탈한 분위기의 인근 지역에 살았다. 그는 어릴 때 살던 휴양 지역을 다시 방문했을 때 하얀 저택, 고가 상품이 가득

한 고급 상점에 완전히 매료되었다. 그는 자기도 그렇게 한 번 살아보고 싶었다. 한동안 그는 자신이 추구해야 할 유일한 가치가 부와 재산이라고 생각했다.

이러한 그의 삶의 목표에 방해가 되는 모든 요소들이 그에게는 정신적 상처가 되었다. 그는 굴욕감과 소외감을 반복적으로 경험했고, 이러한 경험은 부자들의 세상에서 배제된 약자들과 그가 하나가 되도록 만들었다. 굴욕감이 거듭되자 그는 갑자기 자신이 그토록 오랫동안 열망했던 계층에 결코 속하지 못할 것이며, 그 계층으로 진입한다 해도 끊임없이 아웃사이더 같은 느낌을 가질 것이라는 사실을 깨달았다. 요즘 그는 다른 삶의 가치를 추구하고 다른 인간성을 발전시키도록 해준 자신의 상처에 고마워한다. 또 그는 사회복지 분야의 직업을 갖게 되어 기쁘고, 또 다른 아름다움과 귀중함이 담겨 있는 이러한 세상을 바라보고 있는 것만으로도 충분히 기뻐하고 있다.

몇몇 문화권에서는 성인이 되는 과도기에 성인식과 같은 의식이 거행된다. 예를 들면 부족 내에서 남자아이가 성년이 되면 새로운 위치를 얻는다. 최고 연장자는 소년들을 한쪽으로 데려가서 부족의 신화와 비밀을 전수한다. 이 과정에서 소년들은 종종 신체적 고통과 두려움을 경험한다. 그들이 용감하고 대담하게 이를 감수하고 받아들이면 가족과 부족을 책임질 수 있는 남성으로 인정받는다. 고통을 감수하는 것은 이러한 전환 과정의 중요한 부분이다.

고통이 중요한 역할을 하는 내용을 담은 그리스 신화도 있다. 케이론Cheiron은 반인반마半人半馬의 종족인 켄타우로스 중 하나이다. 사투르누스의 아들인 케이론은 반신반인半神半人으로 불멸의 존재다. 그런데 그의 몸에 생기는 상처는 치유되지 않는다. 그는 육체적 고통에서 벗어나려고 많은 치료법들을 개발하였는데, 결국 이 치료법들은 다른 이들을 치료하는 데 도움이 되었다. 그렇게 그는 그리스 신화에 등장하는 많은 영웅의 스승이자 구원자가 된다. 하지만 정작 자신은 치료할 수 없다. 결국 케이론은 반신반인으로서 자신의 불사적 존재를 인간성과 교환하고, 그는 죽어도 되는 존재가 된다. 그의 상처는 그에게 인간이 되는 계기를 제공했다.

과거 돌아보기

자신의 과거에 대해 한번 성찰하면서 다음과 같은 질문을 스스로 해보라.

☐ 당신은 정신적 상처를 경험함으로써 배려심이 더 깊은 사람이 되었는가?

□ 당신은 자신의 고통을 통해 당신보다 덜 행복한 사람을 더 이해하게 되었는가?

□ 상처를 통해 삶의 어떤 차원을 이해할 수 있게 되었는가?

□ 상처를 통해 어떤 가치가 당신에게 중요해졌는가?

상처받기 전과 후, 당신은 어떤 사람이었는가

의자 두 개(A와 B)를 세워놓고, 의자에서 조금 떨어진 곳에 중립적 출발 위치를 지정하라.

중립적 출발 위치

의자 A에 앉아 상처받기 이전의 상태를 떠올린다. 온전히 상처받기 이전의 상태가 될 때까지 기다린다. 당신은 어떤 사람이었는가? 당신은 세상을 어떻게 경험했으며, 주변 사람들과의 관계, 또 당신에게 상처를 준 사람과의 관계는 어떠했는가?

생각이 잘 떠오르지 않는다면 비교적 상처받지 않았을 것 같은 사람을 떠올려보라. 이를테면 지금까지 주로 친절과 사랑을 경험한 아이를 떠올려본다. 이제 그 아이가 되어 세상을 바라보

라. 당신의 눈에 세상이 어떻게 보이는가? 삶의 감정을 상상해 보라. 그리고 세상을 바라보는 이러한 시각을 즐겨보라. 비록 그 시각이 당신이 알고 있는 일방적인 시각이라도 말이다. 지금 이 상태에서 당신은 어떤 느낌이 드는가? 무슨 생각이 들며, 어떤 느낌이 드는가? 또 당신의 신체 상태는 어떠한가?

이제 다음 단계에 몰입할 시간이다. 이번에는 의자 B에 앉아서 상처를 받은 후의 상태로 몰입한다. 상처받은 직후의 몇 분 동안이 아니라, 상처를 받은 후 지속되는 상태를 떠올린다. 의자 B에 앉아서 당신에게 매우 친숙한 이 상태를 의식적으로 떠올려보라. 또한 이 상황에서 당신이 무엇을 생각하고 무엇을 느끼는지, 당신의 신체 상태는 어떠한지 질문해보라.

확인이 끝나면 이 위치에서 떠나 다시 중립적 출발 위치로 돌아온다. 이곳 중립 위치에서 '전'과 '후'의 두 가지 상태를 관찰하면, 당신의 과거와 현재 모습이 모두 당신에게 해당된다는 사실을 알게 될 것이다. 다시 말해 이 두 모습이 당신의 '기회'이자 '가능성'이라는 사실도 인식하게 될 것이다. 다음에 계속 기술되는 실험에서 보다 구체적인 질문을 하겠지만, 이미 이렇게 '전'과 '후'를 인지하는 것만으로도 치유 효과가 나타난다.

정신적 상처를 통해 내면의 보물을 발견했는가

종종 정신적 상처는 자기 내면의 특별한 가치를 발견하거나 특별한 능력과 소질을 발전시킬 수 있는 계기를 제공한다. 예를 들어 어떤 사람은 자신의 의지력이나 강인함을 발견하며, 어떤 사람은 고통을 감내하는 능력이나 자기 자신에 대한 믿음을 발견하기도 한다. 또 우정의 가치나 배려와 자비심의 중요성을 경험하기도 한다.

"그래도 세상은 계속 돌아간다는 사실을 알게 되었어요."

"위기 상황에서 저의 유머 감각을 발견했어요. 제 유머는 상당히 섬뜩하고 음울하기는 해요. 하지만 사태가 더 심각해지지 않을 것처럼 조금 과장해서 말하는 것이 제게 도움이 되었어요."

"저는 아주 혹독한 경험을 할 때 갑자기 생각이 또렷해지고 저 자신에게 충실해진다는 것을 일찍 깨달았어요. 저는 사소한 상처에도 엄살이 심한 편이었어요. 하지만 이제는 작은 상처에 예전처럼 과민하게 반응하지 않고 다르게 대처할 수 있어요."

"이제야 비로소 저는 친절과 호의, 우정의 가치를 제대로 인정할 수 있게 되었어요. 무엇보다도 스스로가 그러한 가치를 가지려고 노력하고 있고, 그것이 저에게도 이득이에요. 그렇게 하는 것이 아주 마음에 들어요."

"저는 이제야 비로소 다른 사람들이 무엇을 참고 있는지 알게 되었어요. 가끔씩 그들의 얼굴에서 뭔가 씁쓸하고 불쾌한 표정이 보여요. 이제 저는 불친절하고 화가 난 사람들과 함께 있을 때에도 훨씬 더 관대해질 수 있어요."

도로테는 어렸을 때 화목한 가정에서 잘 보호받으며 성장했
다고 말했다. 그런데 열네 살이 되었을 때 부모님이 이혼했
고, 그녀의 세상은 산산조각이 났다. 그녀는 기숙 학교로 보
내졌다. 부모님이 각각 재혼한 후로 그녀는 자신이 불필요한
존재이며 버림받았다고 느꼈다. 양쪽 부모님에게 경제적으로
지원을 받고 있었음에도 그녀는 혼자서 모든 일을 감당하고
해결하면서 살아야 했다. 그녀는 지금 의사가 되어 재난 구
조 활동을 하고 있는데, 그녀가 이런 일을 하리라고 어렸을
때에는 누구도 생각하지 못했을 것이다.

상처와 고통, 이로 인한 위기는 인생에서 무엇이 중요하며 이
를 통해 우리가 무엇을 구축할 수 있는지에 대해 눈을 뜨게 하
는 경우가 매우 많다. 말하자면 상처와 고통은 우리의 내면을
풍부하게 해준다. 우리는 상처와 고통을 겪으면서 성숙해지고,
이러한 가능성을 받아들임으로써 발전해나간다.

당신이 자신의 내면에서 발견하고 발전시킨 능력과 특성을
인정하기 위해 그것이 어떤 속성을 지니고 있는지를 의식적으
로 자각하는 것이 좋다. 당신이 발견하고 발전시킨 능력과 특
성을 내면적으로 느껴보라. 그리고 그 느낌에 집중하라. 그때
어떤 생각이 드는가? 당신의 감정은 어떠한가? 그리고 신체적
으로는 이 상태를 어떻게 느끼는가?

이러한 훈련은 당신의 일상에서, 특히 도전적인 상황이나 상처를 받고 홀로 남겨진 경우에 당신을 강하게 해준다. 그러면 당신은 자신의 능력과 소질을 자각하고, 생각뿐만 아니라 감정적, 신체적으로도 의식할 수 있다.

상처받기 전에 당신에게 있던 보물 찾기

고통을 치유하기 위해 또 다른 질문을 하나 해보라. 상처와 그에 대한 당신의 반응으로 말미암아 당신이 잃은 것은 무엇인가? 당신이 상처를 받은 후에 ─ 상처를 받는 순간에 더 이상 당신의 삶에 적합하지 않다고 생각되어 ─ 포기하거나 상실한 능력에는 어떤 것이 있는가?

앞의 '상처받기 전과 후, 당신은 어떤 사람이었는가'의 내용처럼 중립 위치에서 '전'을 바라보라. 당신이 추구해야 할 가치가 있다고 생각했었지만 지금은 당신에게 결여되어 있는 어떤 능력과 소질이 있는가? 그것 때문에 당신이 손해를 입거나 공격당하지 않는다는 전제하에서, 그중 어떤 능력과 소질을 구해서 당신의 현재 삶 속으로 받아들이고 싶은가? 그 보물들을 명명해보라. 예를 들어, 어쩌면 당신은 상처받은 당시에 당신의 명랑함과 쾌활함을 너무 성급하게 희생당했을 수도 있다.

이러한 사실이 불만스럽다면 이제 '전'의 위치로 가서 이 소질들을 느껴보라. 항상 그렇듯이 생각과 감정으로, 그리고 신체적으로 느껴보라. 그중 어떤 것을 구해내 가져오면 좋겠는가? 정확히 무엇을, 어느 정도로 당신의 현재 삶 속으로 받아들이고 싶은가? 그것이 무엇인지 안다면 해당 소질에 집중하고 그것을 내면으로 받아들여라.

충분한 시간을 가진 뒤에 이번에는 '후'의 위치로 가라. 예를 들어 쾌활함이나 즐거움을 다시 찾은 후 어떤 느낌이 드는가? 마음이 홀가분하거나 밝아진 느낌이 든다면 이렇게 다시 획득한 소질들을 ─ 특별히 어떤 공격이나 비판을 받지 않고 ─ 어떻게 하면 당신의 삶에서 이용할 수 있을지 곰곰이 생각해보라. 가끔씩 이 과정을 반복하고 이 소질들이 당신 안으로 다시 들어와 있다는 사실을 기억하라. 바로 오늘이라도 당신은 이렇게 할 수 있다!

또한 '후'에서 느껴진 반응 중 어떤 반응이 불필요하며 당신에게 도움이 되지 않는지, 나아가 당신을 너무 편협하게 만들고 삶을 힘들게 하는지 스스로 질문해볼 수 있다. 당신은 그것을 생각 속에서 소멸시키거나 원래 있던 자리로 되돌려놓을 수 있다. 그것이 당시에는 당신에게 도움이 되었다는 사실을 감사하게 생각하라. 그런 다음 이러한 불필요한 짐이 없는 상태에서 당신은 어떤 사람인지, 지금 당신의 상태는 어떠한지, 마음이 가벼워졌음을 느끼는지를 인지해보라.

이 연습에서도 중요한 것은 가끔씩 반복을 통해 새로운 마음

가짐으로 자신을 강화시키는 것이다. 우리는 과거의 익숙한 궤도로 매우 쉽고 빠르게 미끄러져 들어간다. 당신이 이 사실을 감지한다면 이에 침착하게 반응하고 수정하면 된다.

> 카린 — 제가 그 당시에 포기한 가치는 기쁨이었어요. 말하자면 저는 모든 공격에 저항하기 위해 늘 방어 태세를 취했어요. 제가 오롯이 혼자 있을 때에도, 또 개를 데리고 다닐 때에도 그랬죠. 이제 저는 기쁨을 의식적으로 다시 제 인생 안으로 복구시키고 밖으로 드러내려고 노력 중이에요. 개는 저의 스승인 것 같아요. 개는 직접적으로 반응해요. 그리고 제가 과거의 패턴으로 되돌아가려고 할 때 곧바로 저에게 이런 사실을 상기시켜줘요. 즉, 제가 더 이상 과거의 상처받은 소녀가 아니며, 이제 이러한 기쁨과 가끔은 약간의 안락함을 느낄 능력이 있다는 사실을요. 저 자신을 돌보는 것이 좋다는 사실을 이제는 배웠으니까요.

상처받지 않고 무사하게 남아 있는 것은 무엇인가

많은 상처가 난무하고 일련의 고통과 괴로움의 연속이었을 수도 있는 당신의 삶을 되돌아보면서 다음과 같은 질문을 한번 해보라. 나의 내면에서 상처받지 않은 것은 무엇인가? 수많은 공격에도 나는 무엇을 간직할 수 있었는가? 내가 손상 없이 지켜낸 것은 무엇인가? 다른 사람들로부터 꼭꼭 숨겨서 지켜낸 것은 무엇인가?

이러한 질문은 상처받은 많은 사람들에게 익숙한 질문은 아니다. 대개 우리는 마음에 걸리는 것, 우리를 고통스럽게 하는 것, 우리가 잃은 것만을 바라보기 때문이다. 그렇기 때문에 우리는 종종 우리 안에 무사하게 남아 있는 것을 인지하지 못한다. 오로지 고통과 자신의 결점만 바라보는 사람은 끊임없이 결핍 상태에 놓여 있다. 모든 것을 긍정적으로 보는 것이 중요하다는 뜻이 아니라, 자신의 세상에 대한 균형 잡힌 이미지를 가지는 것이 중요하다는 것이다. 이것은 자기 자신을 바라보는 시선에도 해당된다.

어떤 소중한 것이 당신에게 남아 있는지 기록해보라. 그 보물은 손상되지 않고 온전히 남아 있다. 오래된 궤짝에서 이 보물을 꺼내 반짝반짝 광을 내고 그 가치를 인정하고 효력을 발산시키면 어떨까? 가끔씩 그 보물을 되살려보라!

삶에 대한 관점 전환

또 다른 작은 실험을 해보자. 당신이 상처를 떠올릴 때 자신의 상태가 어떠한지 이제는 충분히 잘 알고 있을 것이다. 또 당신의 생각과 감정, 신체 상태에 어떤 영향을 미치는지도 충분히 알고 있다. 그러면 이제 확실하게 기뻐했던 사건들을 떠올려보

라. 그리고 다시 당신의 생각과 감정, 신체 상태에 대한 똑같은 질문을 제기해보라. 차이가 있는가? 그렇다면 이러한 삶의 측면에 관심을 가지는 것이 좋다. 당신은 무엇에 감사할 수 있는가? 무엇이 당신의 삶에서 기쁨을 소생시켰는가? 이러한 관점 전환을 통해 얻은 에너지는 당신이 삶의 어두운 측면에도 관심을 가지고 스스로 도울 수 있도록 해준다. 그러므로 가끔씩은 오랫동안 잊어왔던 이런 밝고 즐거운 삶의 측면을 떠올릴 만한 가치가 있다.

자기 내면에서 회복력을 인식하기

상처가 미치는 악영향 중 하나는 상처를 입은 피해자가 도리어 스스로를 파멸시킨다는 것이다. 피해자가 지금도 고통을 간직하고 있고 그 고통을 해소시키지 않으면 모든 생각이 끊임없이 자신에게 가해진 공격 위주로 맴돈다. 이런 경우는 더 이상 기쁘고 즐거운 것에 전념할 정도로 자유롭지 못하다. 그는 왜 하필 자기가 그런 고통을 당했는지, 아니면 대부분 진전이 없는 다른 여러 추측들로 괴로워할 것이다.

상처나 고통에 강하게 얽매여 있는 사람은 에너지가 소진되어 무기력해진다. 그리고 극단적인 경우 더 나쁜 현상도 나타날 수 있다. 즉, 자신을 가해자와 동일시하는 것이다. 결국에는 자신에게 고통을 가한 사람보다 어쩌면 훨씬 더 잔인해질 수도 있다. 그러면 그는 자신에게 존재하던 가치를 저버리게 된다. 이로 말미암아 자신이 타락했다는 생각이 들고, 결국 자기 자신을 거부하고 부인할 충분한 이유가 생긴다. 그렇게 되면 피해자는 원래 이 정도로까지 의도하지는 않았던 가해자에게 완패한다. 그 결과 자기 자신이 무가치하다고 생각하고, 나아가 자기 자신에 대한 사랑을 잃는다.

나는 젊었을 때 다른 사람의 말을 잘 들어주는 사람이었다. 참을 수 없는 비참함과 정신적 고통을 경험한 사람들로부터 수많은 인생 이야기를 들었다. 또 어렸을 때부터 전기물을 읽는 것을 좋아했고, 특히 비참해하면서 자기 자신을 파괴하지 않은 사람들, 많은 괴로움을 견뎌낸 인물들에게 큰 감명을 받았다. 굴하지 않고 계속 일어서서 앞으로 나아가고, 힘든 시기에도 희망과 용기를 잃지 않는 이러한 능력을 '회복력'이라고도 한다. 미리 이야기해두자면, 여러 작가와 학자들이 지향하는 속성 또는 재능인 이 회복력을 나는 솔직히 갖기가 어렵다. 물론 책이나 학자들의 이론을 통해 우리는 회복력을 발휘할 수 있는 무수한 방법과 가능성이 존재한다는 것을 알 수 있다.

아주 힘든 상황을 견뎌낸 몇몇 사람들은 궁지 속에서 끈질기게 자신의 프로그램을 작동시키고 이를 고집한 사람들의 이야기를 한다. 그런데 이렇게 확고부동한 생존 프로그램이 완강함이나 고집, 눈에 띌 정도의 저항—이러한 저항은 쉽게 꺾일 수 있다.─과 결부되면 위험해질 수 있다. 이렇게 행동하는 사람은 살아남을 수는 있겠지만, 이러한 절대성을 대가로 자기 존재의 몇몇 측면에 손상을 입힐 수 있다. 또한 편협하고 고정된 인지 때문에 상처를 딛고 성장하지 못하게 한다. 그러면 그는 자신의 적수의 피해자가 될 뿐만 아니라, 자기 자신을 공격하는 가해자가 된다.

그렇다면 굴하지 않고 곤경을 이겨내는 힘을 어디에서 찾을 수 있을까? 깊은 상처를 받은 사람들의 이야기를 들어보면 언제나 한결같이 말한다. 어떤 가치나 사상과 자신을 합일시키면 이로부터 에너지를 얻고 회복력을 발휘할 수 있다는 것이다. 어떤 사람에게는 그것이 인류애일 수 있고, 어떤 사람에게는 종교적 신념일 수 있다. 어떤 사람은 자유로운 미래에 대한 사상과 이를 위한 임무를 자신과 하나로 결합시킨다. 이러한 사상을 실현하는 사람은 자신에게 상처를 준 사람들에게 대항할 수 있다. 그렇기 때문에 그에게 가해자는 적이 아니라, 그저 상대방일 뿐이다. 또한 그는 상대를 능가하려고 하지 않는다. 그렇게 되면 그는 상대에게서 인간적인 측면을 볼 수 있게 된다.

종교적인 사람들은 자신의 현재 상황에서 벌어지는 사건들 너머의 어떤 지점에 대해 알고 있다. 그 지점에 방향을 맞추면 다른 시각이 펼쳐지고 모든 것이 명확해진다. 또 고갈되지 않는 에너지의 원천도 주어진다. 많은 사람들이 자신의 괴로움 속에서 어떤 의미를 인식한다. 또는 괴로움에 의미를 부여하는 것을 이해하게 되고, 나아가 고통을 통해 깊은 유대감을 경험한다. 이러한 경험이 그들을 강하게 만들어준다. 또한 그들은 고통을 자신을 위한 도전이자 기회로 발전시키는 테스트로 인식함으로써 힘든 상황을 받아들일 수 있다. 고통과 하나가 된다는 것은 자신과 자신의 고통, 지금 이 시간과 장소에만 국한되는 것이 아니라, 내면적(어쩌면 외부적이기도 한) 감금으로부터 정신적으로 벗어날 수 있다는 것을 의미하기도 한다. 고통을 초월하는 또 다른 형태는 다른 사람을 위해 존재하면서 임무를 수행하고, 상처받은 사람으로서 상처받은 다른 사람을 돕고 그들을 위해 사는 것이다.

인지의 확대

그 외에도 상처를 입었지만 영원한 피해자가 되지 않은 모든 사람들에게는 한 가지 공통점이 있다. 그들에게는 자기 자신과 자신이 처한 상황을 외부에서 거리를 두고 다양한 관점으로 볼 수 있는 능력이 있다. 이러한 능력은 그들의 현재 상황을 상대화할 수 있게 해준다. 그들은 상황에 갇히거나 피해자가 되지 않는다. 비록 그 순간이 그들에게 불리한 상황이어도 말이다.

자기 자신과 처한 상황을 거리를 두고 바라보는 것만 도움이 되는 것은 아니다. 상처를 준 사람을 피해자의 관점이 아닌 다른 관점으로 바라보는 것도 중요하다. 상처를 준 사람도, 그의 잘못된 생각도 발달 과정에 그 원인이 존재한다. 어쩌면 그 사람도 피해자일 수 있다. 인지를 확대하는 것이 유익하다. 인지를 확대하면 아무리 국한된 상황에서도 여전히 활발하게 영향력을 발휘하는 것이 무엇인지, 어디에 변화의 여지가 존재하는지—그 여지가 아주 작다 하더라도—인식할 수 있다.

나는 지금 극심한 고통을 겪은 사람들의 삶에 대해 이야기하고 있다. 그런데 이 책은 우리가 마주하는 일상적인 정신적 상처에 대해 다루고 있다. 우리는 아주 큰 고통을 견뎌낸 사람들로부터 우리의 작은 고통을 이겨내는 법을 배울 수 있다. 고통 속에 갇히지 않고, 우리의 제한된 인지 때문에 고통을 스스로 강화시키지 않는 법을 그들로부터 배울 수 있는 것이다.

동화가 지닌 힘

지금까지 당신은 상처로 괴로워했던 자신의 이야기를 변화시켰고, 굳어진 시각에서 탈피하여 관점을 변화시켰으며, 자기 자신에 대한 더 많은 인식을 얻었다. 무엇보다도 이러한 다른 관점을 인지함으로써 당신이 '나'라고 지칭하는 존재를 향해 다가갔다. 당신이 이 모든 것을 감행했다면 당신의 이미지를 확장시켰을 것이다. 이제 당신은 어떤 삶의 이야기를 할 수 있을까?

자신의 이야기를 할 때 사용할 수 있는 모든 형식 중에서 동화 형식이 가장 막강한 영향력을 발휘한다. 게다가 동화는 특유의 고정된 형식을 가지고 있으며, 모든 문화권에 확고하게 고착되어 있기 때문에 가장 쉬운 형식이기도 한다. 사람들은 동화의 원형에 대해 이야기한다. 그 속에서 등장인물이 지닌 전형적 특성도 나타난다. 이를테면 주인공인 왕자는 지금까지의 상태에서 벗어나 도전에 직면한다. 온갖 장애와 시험이 주인공의 길을 가로막으며, 적수가 나타나 주인공을 힘들게 하거나 나쁜 길로 빠지게 한다. 그러나 적시에 나타나서 도움을 주는 인물도 존재한다. 마침내 주인공은 모든 장애를 극복하고, 그릇된 길로 빠지지 않고 시험과 도전을 성공적으로 마친다. 그 보상으로 주인공은 공주와 왕국을 얻게 된다.

동화처럼 당신의 이야기를 하라

동화처럼 당신의 삶의 이야기를 구성해보라. 이때 다음과 같은 질문이 당신에게 도움이 될 것이다.

☐ 어떤 장애물이 당신의 길을 가로막았는가?

☐ 당신에게 어떤 도전이 주어졌는가?

☐ 어떤 상황이 당신의 길을 더 힘들게 했는가?

☐ 당신의 동화에서 무엇을 배웠어야 했는가?

☐ 무엇이 당신을 잘못된 길로 빠지지 않도록 했는가?

□ 어떤 선행과 소질, 특성이 당신을 도왔는가, 아니면 어떤 조력자가 당신을 도왔는가?

□ 당신은 어떤 능력을 발전시켰는가?

□ 어떤 이야기를 더 끌어와 붙이고 싶은가?

□ 당신은 현재 무엇에 감사하는가?

동화의 좋은 점은 형식이 고정되어 있다는 것이다. 그러므로 형식을 만들기 위해 당신이 고심하지 않아도 된다. 더 좋은 점은 동화가 항상 행복한 결말로 끝난다는 것이다. 동화는 주인 공이 힘든 시기를 이겨내고 이 과정을 통해 자신을 발전시키고 결국 성공한다는 이야기를 출발점으로 삼는다. 말하자면 승자가 확실하게 정해져 있다. 주인공이 주저하거나 고집을 피울 때에만 모든 것을 잃을 위험에 처한다. 동화 형식은 영향력이 매우 크다. 자신의 상황을 동화 형식으로 재현하면 기운을 돋게 하는 동시에 마음을 진정시키는 효과를 발휘한다.

궁지에 빠진 사람에게는 용기만 필요한 것이 아니라, 확신과 인내심도 필요하다. 그래야 자기 자신을 상실하지 않는다. 나의 경우에도 나 자신의 동화가 큰 도움이 되었다. 당신도 자신만의 동화를 고안해내기를 적극 권한다. 그렇다고 억지로 자기 자신에게 부담을 줄 필요는 없다. 가끔은 그냥 불쑥 나타나기도 하니까 말이다.

상처를 치유하고
한 걸음 더 나아가다

　대개 치유라고 하면 더 이상 고통을 가지지 않는 것, 또는 모든 상처로부터 자유로워지는 것만을 의미하지 않는다. 건강상의 치유를 이야기할 때에도 마찬가지로 절단된 다리가 다시 자라나는 것을 치유라고 말하지 않는다. 치유는 이상적인 건강 상태를 재건하는 것이 아니라, 삶의 고통스러운 측면을 수용하고 통합시키는 것이다. 또한 고통에 대한 저항을 포기하는 것도 치유에 속한다. 인간은 자신의 신체적 약점이나 증상을 온전히 치유할 수 있다.

　그런데 정신적 상처의 치유는 이러한 상처와 흉터를 없애는 것만을 의미하지는 않는다. 새로운 시각, 생산적인 처리와 통합을 통해 근본적인 변화를 꾀할 수 있다. 이러한 마음의 준비가 되어 있는 사람은 다시 강직한 자세를 받아들이고 새로운 삶의 감정을 발전시킬 수 있다. 그리고 삶에서 벌어지는 사건들을 보다 느긋하고 성숙하게 대하며, 앞으로 닥칠지 모르는 새로운 정신적 상처로부터 고통을 덜 받게 된다.

상처의 연결 고리를 발견하라

당신은 이 책을 읽는 동안 이미 용감하게 자신을 되돌아보면서 몇몇 사건들을 관찰했다. 또한 내면적 거리를 두고 바라봄으로써 똑같은 고통을 재차 경험할 필요가 없게 되었다. 지금까지는 개별적인 상처만을 바라보았다면, 이제는 당신의 삶에서 지금까지 전형적으로 나타났던 상처의 기본 패턴을 발견해보도록 하자.

상처는 모두 연결되어 있다

당신이 또 한 번 자신이 살아온 인생을 돌이켜보면서 자신의 상처에 집착하고 있다는 느낌이 강하게 든다면, 내면적 거리감을 가지고 가장 중요한 사건이나 상처를 떠올려보라. 개별적인 상처 속에서 자기 자신을 잃어버리지 말고 다음과 같은 내용의 리스트를 작성하라. 그리고 리스트를 관찰하면서 공통점을 발견할 수 있는지를 질문해보라.

- □ 당신에게 상처를 준 사람은 항상 동일한 사람, 또는 동일한 유형의 사람이었는가?
- □ 당신에게 상처를 준 사람들은 어떤 공통점을 갖고 있는가? 공통점을 갖고 있다면 그것을 말해보라.
- □ 삶의 어떤 영역이 상처를 받았는가?
- □ 어떤 주제와 관련하여 상처를 받았는가? 항상 비슷한 주제 영역이었는가?
- □ 항상 비슷한 상황이었는가, 아니면 서로 다른 상황이었는가? 어떤 공통점이 있는가?
- □ 상처의 양상이 늘 동일했는가? 상처의 양상을 한번 열거해보라.

상처가 어느 정도 동일한 양상으로 반복되었는가? 예를 들면 항상 무시나 따돌림, 또는 시기나 질투 등이 문제였는가? 만약 그렇다고 대답할 수 있다면 당신에게 특히 큰 상처가 되었던 것 속에서 하나의 패턴을 발견한 것이다. 이제 그 '흔적'을 추적해야 할 차례다.

대체로 모든 심각한 상처들은 이 흔적으로 집결된다. 한 사람에게 동시에 여러 개의 상흔이 존재할 수 있다. 하지만 나의 경우에는 그렇지 않다. 자세히 살펴보면 언제나 하나의 똑같은 상흔이 문제였다. 당신도 나처럼 상흔이 하나임을 발견했다면 이 주제에 특별한 주의를 기울이는 것이 좋다. 왜냐하면 이러한 발견으로 당신은 자신을 치유할 수 있는 열쇠를 손에 거머쥐는 것이기 때문이다.

이렇게 자신의 상처에서 하나의 패턴을 발견한 사람은 쇠사슬처럼 줄줄이 이어진 상처들이 계속 반복된다는 사실도 동시에 인식하게 된다. 이 상처의 사슬은 언젠가부터 원래의 상처를 그 시발점으로 삼고 있다. 하지만 원래의 상처를 알아내거나 그것을 기억해낼 필요는 없다. 그 상처는 아주 일찍 생긴 탓에 접근이 쉽지 않다. 이 사슬에 엮인 개별 상처들은 당신의 정신적 고통과 함께 다른 모든 상처도 나타낸다. 이 상처들은 전부 연결되어 있으며, 새로운 상처가 생길 때마다 사슬 전체가 함께 흔들린다.

상처의 흔적은 자석처럼 끌어당기는 힘을 가지고 있다. 그 흔적 가까이 다가오는 모든 것이 마치 저절로 자기가 가야 할 길을 발견하듯, 우리가 가장 고통스러워하는 그곳을 강타한다. 종종 우리는 이 공격에 순진하고 부적절하게 반응한다. 적어도 내면적으로는 말이다. 왜냐하면 우리는 시간이 흐르면서 내면의 흥분을 타인 앞에서 감추는 법을 배워왔기 때문이다.

가치를 침범하고 공격하다

모든 정신적 상처는 우리의 가치를 향한 공격이다. 우리에게 정신적 상처를 준 사람은 우리가 그의 눈에는 가치가 별로 없어 보인다는 사실, 그래서 우리를 무가치하게 대해도 된다는 사실을 우리에게 상처 주는 것으로 표현한다.

사실 우리가 고통스러워하는 이유는 우리의 가치가 침해당했기 때문이다. 가장 극단적인 정신적 상처는 따돌림이다. 인간 공동체로부터 배제된다는 것은 깊은 두려움의 감정을 유발한다. 석기시대에 이러한 따돌림 행위는 확실한 죽음을 의미했다. 우리가 오늘날과 같이 훨씬 더 복잡하게 조직된 사회에서 정신적 상처를 다른 방식으로 대할 수 있다 하더라도 — 예를 들어 내가 이 파티에서 좋은 호응을 얻지 못하면 다른 파티에 가면 되고, 아니면 내가 직접 손님을 초대해서 파티를 열어도 된다. 또 이 회사에서 나의 능력을 인정받지 못하면, 다른 회사에 지원하면 된다. — 우리 안에서 두려움의 감정이 유발되기는 마찬가지다.

이렇게 우리의 정신적 삶은 인류 역사 초기의 삶으로부터 여전히 영향을 받고 있다. 인류 초기에는 우리의 사회적 지위나 존재가 무리에 의해 결정되었다. 오늘날 우리는 더 많은 선택 가능성을 지니고 있다. 하지만 오늘날이라 할지라도 아이가 자기 집이 행복하지 않게 느껴진다고 해서 곰 인형과 베개를 옆구리에 끼고 옆집으로 가서 살기란 그렇게 쉽지 않을 것이다.

감정이라는 사회적 센서

상처를 받거나 우리의 가치를 공격받으면 우리의 감정은 마치 센서처럼 작동하여 우리를 둘러싸고 있는 사회적 삶이 어떤 상태에 있는지를 알려준다. 상처에 대한 반응으로서 정신적 고통은 다른 사람과 우리와의 관계가 실패작이며 위태롭다는 것을 신호로 알려준다. 기쁨과 같은 좋은 감정은 우리가 호감을 얻고 있으며, 우리의 위치를 확고히 하거나 개선시키는 일을 잘하고 있다는 신호다. 타인의 존중과 성공적인 관계는 우리에게 행복감을 선사한다.

우리는 오늘날에도 여전히 인류 초기 때처럼 다른 사람의 평가에 얽매어 있다. 우리가 인정하든 인정하지 않든 상관없이 말이다. 우리의 감정은 다른 사람들에게 영향을 미치며, 그들은 또 자신의 감정으로 우리의 감정에 반응한다. 우리는 다른 사람의 감정이 어떻게 다시 우리의 감정 상태와 기분, 우리의 에너지 상태와 신체 상태, 그리고 우리의 사고에 영향을 미치는지 인지하고 있다.

상처받은 가치를 재건하라

우리에게 중요한 '가치'는 사람으로서 가지고 있는 우리의 가치와 결부되어 있다. 가치는 이미 그 개념이 말해주는 것처럼 우리에게 가장 소중한 것을 의미한다. 가치는 삶의 방향을 설정해주며, 우리는 그 가치를 목표로 삼고 살아간다. 가치는 추상적인 것이며, 이념이다. 모든 인간은 가치를 가지고 있다. 교육을 통해 전달받은 가치를 받아들인 것일 수도 있으며, 애타게 찾던 가치를 마주하고 그것을 소중한 가치로 인식한 것일 수도 있다. 어쨌든 모든 인간은 자신만의 가치를 지키려고 하며, 그 가치를 기준 삼아 행동한다.

이렇게 인간은 자신의 가치와 자신을 일치시키면서 살 때 자기 자신도 가치가 있다고 느낀다. 나아가 가치는 인간을 강하게 만들어주며, 인간에게 확실함과 힘을 전달해준다. 반면, 인간이 자신의 가치를 스스로 위반하면 자신이 나약하다고 느끼고 자신을 거부한다. 가치는 배터리와 같다. 우리가 가치를 유념하고 우리를 가치와 하나로 결합시키면 우리는 가치라는 에너지를 충전할 수 있다.

남을 돕는 것이 우리에게 중요한 가치라면 우리는 남을 도우려는 태도를 가지기 원한다. 우리가 이러한 요구 사항을 충족시키기 위해 다른 사람을 도우면, 우리는 이와 동시에 자신이 착하고 힘이 세다고 느낌으로써 자기 자신에게 보상을 한다. 우리는 우리의 가치 설정에 부응하는 행동을 함으로써 자신을 확인하며, 가치와 조화를 이루고 우리를 강하게 만드는 것, 즉 우리의 힘의 원천과 결합한다. 이럴 때 우리는 스스로가 가치 있다고 여기며 행복을 느끼는 것이다.

다른 사람이 가한 정신적 상처가 인간으로서의 우리의 가치를 향한 공격일 경우 우리는 자기 자신과 자신의 가치를 지켜야 하는 도전을 받은 것이다. 특히 우리의 상처 자국에 공격을 받을 때에는 이러한 가치에 큰 타격을 입는 것이기 때문에 우리는 매우 불안한 상태에 빠진다.

우리는 이 가치를 위반하지 않기 위해 끈질기게 버티려고 한다. 하지만 가치를 지키려는 이러한 완고한 고집은 부자연스럽고 반항적으로 보일 수 있다. 이러한 가치에 상처를 입으면 우리에게서 그 가치와 우리의 에너지의 원천이 잘려나가는 것 같은 느낌이 들 때가 많다. 독일 속담에 이런 훌륭한 말이 있다. '비방자는 늘 존재한다.' 우리가 지키려고 애쓰는 가치는 언제든 공격받을 수 있다는 말이다. 이제 우리 내면의 상처받은 가치와의 관계를 재건해야 할 때다.

당신의 어떤 가치가 타격을 받았는가

모든 정신적 상처는 그 사람이 가지고 있는 특수한 가치에 강한 타격을 준다. 이러한 공격을 통해서 이 가치는 우리에게 인정을 받지 못하고 박탈당한다.

예를 들어 따돌림을 당한 사람은 이를 통해 자신이 무리에 속할 만한 가치가 없다는 사실을 전달받는다. 또 동료들로부터 무시를 당하는 사람은 존중의 가치를 상실한다. 또 불신을 경험한 사람은 믿음의 가치를 부인한다. 이렇듯 정신적 상처는 인간의 사회적 존재감을 공격한다. 가치를 적어놓은 리스트를 살펴보라. 당신의 어떤 가치가 타격을 받았는가? 항상 같은 가치가 공격당했는가?

다음 페이지에서 우리는 다양한 가치를 열거해놓은 리스트를 볼 수 있다. 이 리스트를 살펴보면서 당신이 가지고 있는 어떤 가치가 정신적 상처로 말미암아 타격을 받을 수 있는지 질문해보길 바란다.

당신에게 있는 어떤 가치가 상처받았는지 분명하고 확실하게 알 수 있을 것이다. 여러 가치가 상처받았다는 생각이 들 수도 있다. 리스트를 반복적으로 살펴보면서 당신이 특히 어떤 가치에 더욱 강렬하게 반응하는지를 관심 있게 보라. 당신은 심적으로 반응할 수도 있고, 신체적으로 격렬하게 반응할 수도 있을 것이다. 모든 것을 머리로만 결정하지는 못하기 때문이다.

Ƴ 가치 Ƴ

희망　　겸손　　인류애　　의무　　치유

자유　　충성　　윤리　　향유　　지구력　　통찰력

주도권　　우정　　자의식　　전투력

창의성　　문화　　유머　　연대감

감정　　소속감　　성취　　경쟁　　솔직함

도덕　　종교　　효율성　　자연성　　형평성

남을 돕는 마음　　정직　　독창성　　사랑

경제성　　전통　　관계　　성장　　행복

진보　　자립성　　의식　　신용도　　관용　　미학　　가까움

종속되지 않음　　인식　　감각　　평화

의무　　형식　　즉흥성　　자비

영향　　자발성　　도전　　신빙성　　학습　　승진　　자율성

기쁨　　정의　　결단력　　유연성　　충동성

명확함　　자치성　　충실　　모성애　　민첩함　　관능성

추측성　　이해심　　깊이　　발전　　신중함　　성과

젊음　　형제애　　일　　경제력　　개성

즐거움　　부유함　　애착심　　절약

정확성　　완벽성　　전문성　　믿음　　성실

조화　　완벽　　생동감　　단결　　간격

안전　　남성성　　안락함　　정신성

지속성　　여성성　　가정　　업적　　전체성　　지혜

따뜻함　　객관성　　책임　　사회 참여 정신

완전무결　　철두철미함　　거리　　타협　　사려

시민으로서의 용기　　용기　　능동적 태도　　공정함

존경　　근면　　감사함　　호전적임　　차분함　　영리함

힘　　품위　　원칙　　경험　　협력심　　인내

의지　　절제　　존중

고요함　　순종　　소탈　　단순함

긍지　　배려　　청결　　사교성

이성　　완전함　　역동성　　환상　　복지　　재미

대담함　　유용성　　동등　　강함　　교육

질서　　지성　　성숙함　　무사함

수준　　동정　　건강　　겉치레　　실행력　　아름다움

어떤 가치가 상처받았는가

상처받은 가치가 있는지 살펴보고 각각 하나씩 메모지에 적
어보라. 그리고 이 메모지들을 서로 충분한 간격을 두고 바닥
에 늘어놓는다.

이제 마음을 비우고 이들 가치가 당신에게 미치는 작용을 수
용할 수 있도록 마음을 열어야 한다. 메모지 중 하나를 골라 그

위에 선 다음 당신이 메모지에 적은 가치와 하나가 되도록 하라. 시간을 충분히 갖고 천천히 모든 가치에 대해 이렇게 해본다. 다음 가치로 넘어가기 전에는 항상 중립 위치로 돌아오라.

가치 A   가치 B   가치 C   · · ·

중립적
출발 위치

어떤 가치가 당신에게 더욱 강렬하게 작용하며, 어떤 가치가 당신을 강하게 만드는가? 이때 당신의 몸이 어떤 반응을 보이는지도 유심히 살펴보라.

만약 당신이 전혀 아무것도 알아내지 못한다면? 그렇다면 '사랑', '수용', '소속감'이라는 가치를 가지고 다음에 제시되는 방법을 시도해보라. 내 경험에 따르면 많은 사람들이 이 세 가지 가치에 특히 더 상처를 받았다. 그렇기 때문에 이 가치들과 하나가 되어보는 것은— 물론 개별적으로, 그리고 하나씩 차례대로— 치유의 효과를 가질 수 있다.

말하자면 상처받은 가치를 다시 자신의 내면으로 받아들이는 것이 중요하다. 다음에 설명되는 기술을 사용하면 아주 간단하다. 가치는 이념이다. 이념이 존재하고 작용한다는 것은 철학자 플라톤의 생각이다. 그래서 나는 이 기술에 '플라톤 주유소'라는 이름을 붙였다.

플라톤 주유소 – 상처받은 가치를 채워넣기

당신의 가치를 적어놓은 메모지를 바닥에 놓아라. 그리고 이 메모지 위에 올라서서 그 가치가 당신의 생각과 감정, 당신의 신체 상태에 작용하도록 허용하라. 당신이 그 가치가 지닌 이념과 완전히 하나가 되었을 때 당신의 상태는 어떠한가? 이 방법은 라디오를 듣는 것처럼 아주 쉽다. 말하자면 특정한 주파수를 맞추고 그 방송을 수신하는 것이라고 보면 된다. 예를 들어 당신이 '소속감'이라는 가치를 중요하게 생각한다면, '소속감'이라는 이념에 당신의 모든 생각을 맞추면 된다.

가치

중립적 출발 위치

덧붙여 말하자면 수도원에서 종종 수행되는 방법인 명상도 이와 비슷하다. 영향력을 발휘하는 하나의 개념이나 격언에 모든 주의를 집중시키는 것이다. 명상은 플라톤 주유소 방법으로 당신이 기대한 효과를 보지 못할 경우에 훌륭한 대안이 된다.

이 방법을 한번 시도해보라. 이때 특정한 결과를 기대하거나 의도하지 않도록 한다. 당신은 '주파수'를 어떻게 느끼는가? 그 주파수를 정확하게 인지하라. 그 주파수가 당신의 생각과 감정, 당신의 신체 상태에 어떻게 작용하는가?

당신 내면의 특정 가치가 상처받았다고 가정한다면 정확히 그 '주파수'가 지닌 이념이 당신에게 효험이 있다. 반복적으로 그 이념에 집중하고 그 이념을 자기 자신에게 충전하라.

자신의 상처를 소홀히 하지 않기

사실대로 말하자면, 상흔은 그 사람에게 특별하고 민감한 부분이다. 상흔을 지우는 지우개는 존재하지 않는다. 다만 우리에게는 우리의 상처 자국이나 아픈 이야기를 극복하고, 이를 보호하고 돌볼 수 있는 자유만이 주어져 있을 뿐이다. 자신의 상처를 아는 것만으로도 이미 긍정적인 효과를 발휘한다. 이를테면 대화 주제가 점점 우리의 상처에 대한 내용에 접근할 경우 우리는 즉시 이를 파악하고, 의식적으로 대처할 수 있다. 우리는 더 이상 마른하늘에 날벼락처럼 기습적으로 당하거나 이성을 잃고 과장된 반응을 보이지 않게 된다. 또한 전혀 악의가 없는 코멘트와 정말로 의도적으로 공격하기 위한 코멘트를 구분할 수 있게 된다. 그리고 공격이 상처의 주변만 건드렸는지, 아니면 상처 한가운데를 직격한 것인지를 더욱 쉽게 분간할 수 있다. 그 외에도 우리의 깨어 있는 의식으로 인해 공격이 우리 상처에 접근하지 못하도록, 또 그 공격 때문에 우리가 상처 입지 않도록 막을 수 있다. 그리고 정말로 이 민감한 부위에 상처가 나더라도 충격이 보다 줄어들게 된다. 나아가 우리는 그러한 경우가 닥치면 신속하게 자신을 돕는 방법을 알게 되고, 플라톤 주유소 기술을 사용하는 것만으로도 더 침착해지고 덜 예민해질 수 있다.

상처의 치유

A는 당신의 상처를, B는 상처를 치유하는 가치를 나타낸다. 이 둘로부터 어느 정도 거리를 유지한 곳에 중립적 출발 위치가 있다.

당신이 용감하게 상처와 고통의 영향력을 탐색하고 싶다면, 먼저 상처에 아주 조금씩만—센티미터 간격으로—다가가보길 바란다. 당신이 너무 고통스럽지 않은 한도 내에서 상처에 얼마나 가까이 다가갈 수 있는가? 이때 다가가기 전과 후의 편차를 유지하면서 이 방법이 효력을 낼 수 있도록 하는 것이 중요하다. 당신이 큰 고통 없이 상처에 다가갈 수 있는 위치에 표시를 해두라.

그런 다음 B로 가서 상처받은 가치를 채워넣어라. 일단 가치를 충분히 채워넣었다면 그 가치를 당신의 상처를 향해 발산시켜보라. 이때 충분한 시간을 갖도록 한다. 예를 들어 당신이 '사랑'이라는 이념을 채워넣었다면 당신의 상처를 향해 '사랑'을 보내는 것이다. 또 당신이 자신의 상처를 사랑하는지 아닌지도 질문해보라.

가끔은 이 방법을 끝까지 수행하는 데 생각보다 오랜 시간이 걸릴 수 있다. 하지만 바로 이 지난한 과정을 통해 통합과 치유가 이루어진다. 또 '수용'이라는 가치를 채워넣었다면, 당신의 상처를 향해 '수용'을 보내고, 정말로 당신의 상처를 수용하도록 노력해야 한다. '소속감'을 채워넣었으면, 이 이념을 당신의 상처에 보내고, 당신의 상처가 정말로 당신에게 속한 것처럼 바라보도록 노력해야 한다.

그런 다음 당신이 맨 처음에 표시해둔 위치에 서보라. 이 위치가 이전과 비교하여 조금은 견딜 만한 정도가 되었는가? 이 위치에서 당신의 상태가 현저히 좋아졌다면 상처에 조금 더 가까이 다가가는 모험을 감행할 수 있다.

가치를 반복적으로 채워넣고 앞에서 기술된 방법을 자주 반복하는 것이 바람직하다.

상처받은 자신을 내면에서 치유하기

먼저 A로 가라. 이 자리는 당신 안의 상처받은 존재와 관계를 맺고 있는 인물인 당신의 자리다. 이 자리에서 상처받은 존재와 당신의 관계에 대해서 앞에서 했던 질문, 즉 당신의 생각과 감정, 신체 상태에 대한 질문을 제기해보라.

B

당신 안의
상처받은 존재

C

가치

A

그다음은 당신 안의 상처받은 존재의 자리인 B로 이동할 차례다. 당신이 견딜 수 있을 만큼만 아주 조심스럽게 이 위치로 다가가라. 이 방법을 적용하기 위해 정말로 이 위치에 가깝게 다가가는 것이 좋다. 당신 안의 상처받은 존재는 그만의 생각과 감정, 신체 상태를 가지고 있으며, 당신 안에서 한자리를 차지하고 있다. 만약 현재 이러한 도전이 버겁게 느껴진다면 이 방법을 뒤로 미루거나 아예 건너뛰도록 한다. 당신 안의 상처받은 존재를 내면적으로 의식하는 것으로 이미 첫 단추를 채운 것이다. 그리고 나중에 그 존재를 치유하고 당신에게 통합시킬 수 있다.

상처받은 존재의 위치인 B에서 당신의 상태는 어떠한가? 상처받은 존재로서 당신의 생각과 감정, 신체 상태에 대한 동일한 질문을 제기해보고 A에서 느낀 점과는 어떤 차이가 있는지 적어보라.

이제 가치의 위치인 C로 가서 가치를 채워넣을 시간이다. 언제나 그렇듯이 어떠한 의도도 품지 않아야 한다. 가치를 '가득' 당신에게 채워넣었다면, 먼저 그 가치를 A를 향해, 즉 자기 자신을 향해 발산하라. 그런 다음 다시 A로 가서 C에서 보낸 가치를 받아들여라. 아무 의도도 품지 않고 완전히 자기 내면으로 받아들여야 한다.

시간이 어느 정도 지나면 당신은 B의 위치에서 당신 안의 상처받은 존재에 열중할 수 있으며, A의 위치에서 이 상처받은 존재를 인지하고 그를 향해 가치를 발산할 수 있다. 예를 들어

'수용'이라는 가치가 대상이라면 다음과 같이 말함으로써 효과를 전체적으로 증진시킬 수 있다. "내가 너를 수용할게." 또 '사랑'이라는 가치라면 그에 상응하게 이렇게 말한다. "나는 너를 사랑해."

극복하는 데 더 많은 노력이 필요할수록 그만큼 더욱 중요한 가치다. 눈물이 흐르면 참지 말고 울고, 상처받은 존재를 팔로 안아준다고 상상하라. 이 방법을 사용하면서 눈물을 흘리고 감정을 발산한 사람들은 긴장이 풀어지고 마음이 침착해지는 경험을 할 수 있었다.

여기까지 완료했다면 다시 상처받은 존재의 자리인 B로 이동한다. 상처받은 존재로서 당신이 앞서 A 위치에서 발산한 가치를 의식적으로 자신의 내면에 받아들여라. 그리고 그것이 효과를 발휘하도록 하라. 마지막으로 당신의 생각과 감정, 신체 상태에 대한 질문에 다시 대답한다. 아마도 당신은 B의 위치에서 자신을 A의 인물로도 인지하게 될 것이다.

그런 다음 다시 A의 위치로 되돌아온다. 그리고 자신에게 또 한 번 같은 질문을 던진다. 무엇이 변화했으며, 무엇이 소멸되었는가? 이 실험은 당신의 출발 위치인 중립 영역에서 끝난다.

이 방법을 사용할 때는 신중을 기하도록 해야 한다. 상처받은 존재를 인지하는 것은 그리 쉬운 일이 아니다. 또 상처받은 존재는 내면적으로는 어떠한지 모르겠지만, 겉으로는 즐거운

269

이미지를 발산하지도 않는다. 우리가 약해지는 순간에 우리는 우리 자신을 거부하는 경우가 많다. 그러므로 자기 자신에게 부담이나 압박을 주지 않아야 한다. 이렇게 하는 것은 치유 과정에서 매우 중요하다. 어떤 사람은 이를 위해 아주 많은 시간과 인내가 필요하기도 하며, 또 어떤 사람에게는 여러 번의 반복이 필요하기도 하다.

마음을 다시 열고 넓혀라

아마도 당신은 과거의 정신적 상처에 몰두하는 동안 감정적으로 비참함과 냉담함을 마주해서 당신이 원하는 결과에 도달하지 못했을 수도 있다. 또는 그 반대를 경험했을 수도 있다. 아니면 자신이 무방비 상태에 놓여 있다는 느낌이나 너무 예민하다는 느낌을 받았을 수도 있다. 또한 감정을 너무 억제해서 언제 감정적으로 폭발할지 모를 정도로 마음속에 감정이 꽉 찰 수도 있다. 그렇다면 이제 다시 아주 구체적으로 '심장(가슴)'에 관심을 기울일 시간이 된 것이다.

다음에 기술되는 가벼운 체조는 ─ 당신이 심장을 단순히 신체 기관이나 근육으로 간주하든지, 아니면 이른바 열리기도 하고, 닫히기도 하는 에너지의 중심, 즉 차크라Chakra의 존재를 믿는 동남아시아의 사상에서 출발하든지 어떤 경우라도 상관 없이 — 효과가 있다. 이 체조를 하면 근육과 신체 기관으로서 심장 주변 부위가 살짝 수축되고 긴장되었다가 다시 긴장이 풀리면서 이완된다.

위협을 느끼거나 불쾌한 상황에 처하면 차크라가 닫히고, 기쁠 때나 사랑스러운 만남을 가질 때에는 차크라가 열린다. 말하자면 차크라는 사람의 마음을 움직이는 능력을 가지고 있고, 나아가 어느 정도 마음을 보호해주는 작용까지 한다. 차크라는 모든 것에 자동적으로 반응하며, 우리가 사회적 환경과 맺고 있는 관계도 올바르게 조정한다. 또한 우리의 내면 상태와 자신을 대하는 우리의 자세에 영향을 미친다.

심장 부위는 깜짝 놀라거나 갑작스러운 정신적 상처로 말미암아 시간이 지나도 긴장이 풀리거나 이완되지 않을 정도로 강하게 수축되고 경직될 수 있다. 그렇게 되면 심장 부위는 끊임없이 보호와 거부 태세로 돌입하여 더욱 경직될 위험에 빠진다. 그 결과 기쁨이나 유머, 사랑스러운 모든 것을 마주해도 열리지 않게 된다. 이러한 경직 상태는 상처가 더욱 오랫동안 작용하게 만든다.

항상 열린 마음으로 일생을 살아가는 사람들이 있다. 그들의 가슴은 그들을 보호하려고 긴장하거나 닫히지 않는다. 긴장하거나 닫히는 편이 더 나을 수도 있는 그런 상황에서도 말이다.

이런 사람들은 항상 열린 가슴을 가지고 상처받은 사람처럼 냉정해지거나 거부하는 자세를 절대로 취하지 않으려는 프로그램을 가동시킨다. 그런데 이렇게 열린 마음으로 세상을 살아가는 사람은 감정에 — 다른 사람의 감정에도, 자기 자신의 감정에도 — 어느 정도 속수무책으로 내맡겨져 있다. 말하자면 이런 사람은 자신의 감정을 상대화하고 제한하는 것을 매우 어렵게 느낀다.

다음에 기술되는 방법들을 사용하면 당신의 마음을 열고 닫을 수 있는 가동성을 점차적으로 되찾을 수 있을 것이다. 당신이 심장을 에너지의 중심인 차크라로 생각하든, 아니면 신체 기관이라고 생각하든 전혀 상관없이 이 방법은 이 두 가지 경우 모두에 영향을 미친다.

어느 쪽이든 원칙은 똑같다. 즉, 가슴을 열고 확대시키면 당신의 심장 부위가 이완되며, 가슴을 닫으면 선을 긋고 자신을 방어할 수 있다. 당신의 가슴은 필요하면 언제든지 자신을 보호하는 능력, 즉 당신이 자신의 감정을 더 믿고 따를 수 있도록 가슴을 다시 여는 능력을 되찾는다.

심장 체조

당신의 심장을 꽃봉오리라고 상상해보라. 이 꽃봉오리는 햇빛과 온기를 받으면 열리고, 비가 오거나 어둠이 깔릴 때, 혹은 추운 날에는 닫힌다. 당신의 양손으로 가슴 앞에 꽃 모양을 만들어보라. 양 손목을 나란히 대고 손바닥을 펼친 후 손가락을 편안한 정도로 살짝 늘려서 꽃 모양을 만들면 된다. 당신의 심장 부위도 이와 똑같이 확대된다고 상상해보라. 어떤 느낌이 드는가?

이제 아주 천천히(당신의 호흡보다 훨씬 느려야 하며, 호흡의 리듬을 따르지 않도록 한다.) 손으로 만든 꽃봉오리를 닫는다. 그리고 당신의 심장의 꽃봉오리도 함께 닫는다.

시간이 좀 지난 후 열고 닫기를 반복한다. 꽃봉오리가 닫혔을 때 어떤 느낌이 드는가? 꽃봉오리가 열려 있을 때는 어떠한가? 한꺼번에 너무 많은 것을 하려고 하지 말고, 시간적 간격을 두고 가끔씩 하는 것이 좋다.

대부분의 사람들은 꽃봉오리가 열려 있을 때 더 따뜻하고 더 편안하며, 더 자유롭다고 느낀다. 하지만 두 상태 모두 나름의 정당성을 가지고 있다. 우리에게는 이 두 가지 가능성이 모두 필요하며, 특히 양극단 사이의 중간 단계도 필요하다. 그러면 각각의 상황에 맞추어 꽃봉오리를 여닫는 정도에 보다 쉽게 변화를 줄 수 있다. 그 결과 우리는 한편으로는 안정감을 느끼고, 덜 상처받게 되며, 다른 한편으로는 아름답고 쾌적한 삶을 받아들일 수 있게 된다.

몇 번의 연습을 거친 후에 심장 부위가 다시 활발하게 움직이게 되면 심장의 긴장이 풀리는 동시에 크게 신경 쓰지 않아도 여닫는 정도를 스스로 규제할 수 있게 된다. 이는 당신의 감정의 장소가 편안해지고 치유된다는 증거다.

물론 나중에는 간단하게 상상하고 정신적으로 연습할 수 있게 된다. 그러나 당신이 이 방법을 미리 구체적으로 익혀두고 있다면 훨씬 수월할 것이다. 상상 속에서 연습하는 것은 다른 사람의 눈에 크게 띄어서 이상한 눈초리를 받거나 정신적 상처를 받는 일 없이 어디에서든 할 수 있다는 장점이 있다.

시간을 초월한 장소에서 치유하기

시간, 그리고 나아가 당신의 인생을 길이나 강이라고 상상하라. 지금 그 길이 당신 앞에 펼쳐져 있다. 당신과 그 길 사이에는 어느 정도의 간격이 있다. 당신의 왼쪽에는 과거가, 오른쪽에는 미래가 있다. 당신은 출발 위치에 서 있고, 시간을 초월한 장소는 당신 바로 앞에 놓여 있다. 그 장소를 마치 산이나 언덕을 바라보는 것처럼 올려다보라.

출발 위치에서 시간을 초월한 장소로 이동하라. 그곳에서 당신은 과거에 인생의 우여곡절이 있었고, 미래에도 그럴 것이라는 사실을 인식할 수 있다. 깊은 내리막길로 갔다가 다시 오르막길로 향하게 될 것이다. 또한 당신이 무수한 상황들을 극복해왔다는 사실도 인식한다.

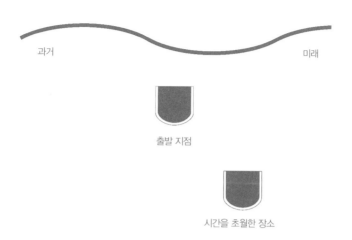

과거 미래

출발 지점

시간을 초월한 장소

당신은 확실한 당신의 자리에서 이 모든 것을 관찰한다. 하지만 이제는 상황에 굴복당하지 않을 능력이 있다. 확실한 것은 고통과 괴로움이 여전히 그 자리에 존재하지만, 조금은 달라졌다는 것이다. 당신은 여전히 고통을 품고 있지만, 고통은 더 이상 당신을 품고 있지 않으며, 당신은 더 이상 고통의 영향을 받지 않는다.

파괴되지 않은 부분에 관심을 가져라

우리는 방해되고 신경 쓰이는 모든 것을 먼저 인지하는 속성을 가지고 있기 때문에, 훼손되지 않고 무사하게 남아 있는 것에 비해 상처를 더 강렬하고 뚜렷하게 인지한다. 당신처럼 현재 상처에 전념하고 있는 사람은 상처받지 않고 남아 있는 부분을 간과하지 않도록 특히 유념해야 한다. 그렇지 않으면 자신도 모르는 사이에 고통이 강해진다. 이러한 맥락을 인식하는 것만으로도 당신은 이미 상처나 고통과의 관계를 변화시키고 있는 것이다.

파괴되지 않은 것

이 실험에서는 당신의 인지를 의식적으로 전환하고, 무엇이 정신적 상처의 타격을 받지 않고 무사히 남아 있는지를 인지해야 한다. 이때 일방적인 '긍정적 사고'의 함정에 빠지지 않도록 한다. 온전하게 남아 있는 것에 완전히 주의를 기울인 후 상처받은 것과 무사한 것, 이 두 가지를 동일한 방식으로 인지하라.

이 방법을 실천해본 사람은 더욱 자유로운 생각과 똑바른 자세를 갖게 된다. 그리고 인생에서 자신의 위치를 받아들이고 스스로를 돌볼 수 있다는 느낌을 얻는다. 그 외에도 이 방법은 신체적 고통을 느낄 경우에 아주 효과적으로 활용할 수 있다.

파괴될 수 없는 핵심

고난을 이겨낸 많은 사람들은 아주 힘겨운 상황에서 그들에게 벌어진 모든 것으로부터 영향을 받지 않는 힘을 내면적으로 느꼈다고 말한다. 그들은 이 힘을 파괴될 수 없는 힘이라고 생각한다. 이 힘이 사라진 것 같아도 그들이 다시 안 좋은 상황에 처하면 이 힘을 느낀다. 그들은 이러한 인식을 한 후부터 꼭 상처받는 상황이 아닌 다른 시간대에도 자신과 이 힘을 하나로 결합할 수 있게 되었다. 이 힘은 언제나 그 자리에 존재하기 때문이다. 그 결과 그들은 전반적으로 더욱 차분하고 느긋해졌다.

당신도 당신 내면에서 이러한 힘을 인지할 수 있는가? 최소한 도전해볼 가치가 있을 것이다. 이때 다른 모든 실험에서처럼 지나치게 애를 쓰면 아무것도 얻을 수 없다. 이 연습은 일종의 기억 행위 또는 자기 내면을 느끼는 행위다. 연습이 잘 안 될 때는 큰 위기 상황에서 자기 내면의 목소리를 듣기 위해 마음을 열려고 노력하는 많은 사람들이 있다는 사실을 생각하는 것만으로도 도움이 될 것이다.

나에 대한 청사진을 그려본다

당신에게 어떤 이념이 있다면, 그 이념은 당신이 어떤 사람인지를 보여주는 것이어야 한다. 나는 한 사람의 그러한 생각을 간단히 '청사진'이라고 부른다. 건물을 짓거나 기계를 설계할 때 모든 관계자가 지향하는 도면을 청사진이라고 한다. 변경사항이 생길 때마다 항상 이 도면을 이용한다. 당신에게도 이러한 청사진이 있다고 상상해보라. 다시 말해 온갖 상처와 장애물이 없었다면, 가보지 않은 길과 발휘하지 못한 능력이 없었다면, 잘못된 의지와 잘못된 노력이 없었다면 당신이 어떤 사람이었을까?

아마 당신은 무사 무탈하며, 아주 단순하고 투명한 형태를 하고 있을 것이다. 나의 경험으로 보면 모든 사람들에게 이러한 이념이 마치 부드러운 숨결처럼 존재한다. 많은 사람들이 이것을 느끼지 못하겠지만 말이다. 당신은 자신이 원래 어떤 사람이었는지 느껴보고 싶지 않은가?

자가 치유를 위한 통로

당신의 청사진을 상상하기 위한 자리를 선정하라. 그 자리로 이동한 다음 자신의 청사진을 아무런 선입견 없이 받아들이도록 하라. 이때 당신이 어떤 사람이었는지 또는 어떤 사람일 수 있는지 등의 모든 이론을 피하라. 또 무언가를 달성하거나 이루어야겠다는 생각도 피하도록 하라. 그러한 생각은 자신을 또다시 왜곡된 모습으로 만들 뿐이다.

이 방법을 수행할 때 당신의 신체에 집중하면 가장 좋은 효과가 나타날 것이다. 어떠한 기대나 환상, 요구 없이 청사진의 이념을 자기 자신에게 받아들이는 것은 마치 감각적으로 느낄 수 있는 기억과 같다. 큰 노력을 기울이지 않아도 치유의 효과가 나타난다. 자신의 잠재력이 좋은 반응을 얻으면 그 효과가 더 커지며, 이와 동시에 마음이 가벼워짐을 느낄 수 있다. '의무'와 '강제'가 없는 상태, 당신이 그저 한 인간이 될 수 있는 그런 상태가 되기 때문이다. 말 그대로 이것은 자가 치유이며, 당신이 원할 때 언제든지 이 자가 치유에 접근할 수 있는 통로를 발견한 것이다. 물론 당신이 이 기억을 허락한다는 전제하에서 말이다.

내 인생의 주도권을
되찾기 시작하다

다른 사람에게서 상처받았다고 느끼는 사람은 대개 자신의 고통이 그 사람 책임이라고 생각한다. 분명히 고통을 유발한 사람은 그 사람이니 그에게 잘못이 있는 것은 맞다. 상처받은 당사자는 자기 자신을 억제하고 고통을 참으며 서서히 고통과 거리를 확보했을 때 비로소 고통의 원인과 유발자, 책임에 대해 새롭게 질문을 제기한다. 또한 그가 자기 자신에 대해 솔직해질 정도로 충분히 용기가 생기면 반사적인 반응을 덜 보이고, 거리를 두고 볼 수 있게 된다. 명료함을 얻고 자신을 발전시키고 싶다면 피상적으로 잘잘못을 따지는 것을 넘어서서 자기 자신에 대해 인식하는 것이 중요하다. 예를 들면 다른 사람이 자신에게 상처를 주고 상황이 그렇게 심각해진 데에 자신이 기여한 부분은 없는지를 알아내는 것이 중요하다. 가끔은 아주 작은 공격이나 대화 중에 전혀 의식하지 못한 부분이 주변 사람들을 자극할 수 있다. 원하든 원하지 않든, 우리는 다른 사람을 향해 끊임없이 무언가를 발산한다. 예를 들면 우리의 관점은 우리의 몸짓과 표정, 시선, 우리가 관심을 갖는 것과 회피하는 것을 통해 나타난다. 게다가 관심이나 인정, 존중, 감사와 같은 표현을 하지 않는 소극적인 측면을 통해서도 나타난다. 또 자신과 다른 사람의 실수와 결함, 맹점을 통해서도, 통용되는 예의범절과 관습을 모르거나 이에 서툰 행동을 통해서도 나타난다. 우리처럼 우리에게 상처를 준 다른 사람도 그 사람만의 이야기가 있고, 그 사람만의 '아픈 구석'이 있다.

누구를 용서할 것인가

여기서 이야기하고자 하는 것은 자신을 책망하고 분석하며 비판하고 자기를 괴롭히는 과거의 패턴이 아니다. 이러한 패턴에서는 상처받은 사람이 결국 원인 제공자가 된다. 여기서 중요한 것은 상처받은 사람이 자신의 상처를 아무 불평 없이 받아들이는 데 동의한다는 사실 때문에 죄인이 되어버리는 과거의 조작적인 패턴이 반복되면 안 된다는 점이다. 여기서 거론되는 책임이나 잘못의 중요한 점은 그것이 발전과 관계가 있다는 사실이다. 용서하는 사람은 피해자로서의 수동적인 역할에서 벗어나서 주도권을 잡고 행동하는 사람이 된다. 그리고 행동으로도, 또 마음속으로도 그에게 잘못이 있다고 생각하는 사람에게 휘둘리지 않는다. 그 결과 그는 마음의 부담이 없어지고, 자신을 죄인 취급하는 불쾌한 속박으로부터 벗어난다. 다른 사람을 용서하는 것은 해방으로 향하는 첫걸음이다.

용서하지 못하는 마음의 짐으로부터 해방되기

다른 사람을 용서하지 못하는 사람은 마음이 늘 고통스럽다. 또 마음에 늘 부담을 안고 살며, 가해자를 용서할 수 없었던 과거의 사건에 여전히 집착한다. 상처를 받은 지 이미 몇 년이 지났는데도 상처는 여전히 존재한다. 그에게 상처 준 사람은 이미 오래전에 그 사실을 잊어버렸을 것이다. 어쩌면 자신이 상처 준 사실을 전혀 눈치채지 못했을 수도 있다. 상처받은 사람만 오롯이 혼자 상처에 매달리게 된다. 상처를 받고 나서 친한 사람에게 이에 대해 이야기할 때에도 가끔은 자신이 이해받지 못하는 상황을 마주치게 된다. 그러면 이러한 사실로 그는 다시 상처받고, 결국 그는 그때부터 상처를 혼자 간직한다. 그의 마음이 매우 고통스럽고 무겁다는 사실은 그의 마음속 깊은 곳에 남아 있는 상처를 생각하면 충분히 이해할 수 있다. 아마도 그는 고통을 계속 유지하고 상처를 치유하려고 하지 않는 것 같다. 왜냐하면 그는 그저 이념으로만 남아 있을 뿐 삶 속에서는 더 이상 순수한 형태로 남아 있지 않은 무언가를 추구하고 있기 때문이다. 그것은 바로 정의다. 그러나 우리의 법 조항과 항목으로는 정의에 충분하게 접근하지 못한다. 오히려 법은 물질적 손해를 완화하는 데 초점을 두고 있고, 신체적 손상에 대해서는 훨씬 덜 정당하게 평가하며, 정신적 상처와 고통에 대해서는 완전히 침묵한다.

피해자 역할을 고수하기

상처받은 많은 사람들은 '튀빙겐의 시장 아낙네Tübinger Marktfrau'와 비슷하다. 마차가 통상적인 교통수단이었던 시대에 시장에서 두 명의 아낙네가 싸우기 시작했다. 서로 상대의 말을 받아쳤고, 급기야 둘 중 한 여자가 다른 여자에게 욕설을 듣자 말똥을 주워서 상대 여자의 얼굴을 향해 던졌다. 말똥은 정확히 적중했다. 말똥이 상대 여자의 열린 입 속으로 들어가고 만 것이다. 말똥을 맞은 여자는 어떻게 반응했을까? 그녀는 입에 들어간 말똥을 가리키며 또렷이 들리지는 않았지만 이렇게 말했다. "경찰이 올 때까지 이 말똥을 뱉지 않겠어!"

이 여인은 딜레마에 빠져 있다. 입에서 말똥을 뱉어버리는 것이 그녀에게 더 쾌적하다. 불쾌한 말똥 맛을 더 이상 느끼지 않아도 되고, 말도 다시 또박또박 할 수 있다. 그러면 이렇게 말을 못 하는 것 때문에 더 이상 속상해하지 않아도 된다. 하지만 말똥을 뱉으면 증거가 사라진다. 게다가 누가 보기에도 자신이 피해자 입장이라는 상징을 잃는 것이다. 순수한 시각으로 보면 피해자인 여자가 '가해자'인 여자보다 도덕적으로 더 우월하다고 평가된다. 종종 피해자의 위치는 자신의 죄가 이해받을 수 있고, 근본적으로 정당하다고 표현하는 데 기여하기도 한다. 그래서 많은 피해자들은 이것으로서 일종의 특권을 가지고 있다고 생각한다. 반면 가해자에게는 끊임없는 후회와 겸허한 태도, 아주 구체적인 보상을 요구한다. 이것은 개인적인 범위에서만이 아니라, 보다 큰 범위, 예를 들면 정치적 맥락에서도 마찬가지다.

가정에서는 독선적인 피해자가 철벽같은 존재가 될 뿐만 아니라, 다른 가족 구성원보다 그에게 막강한 힘이 부여된다. 특히 '잘못이 있는 사람'에게 행사할 수 있는 힘이 막강하다. 그래서 피해자는 '가해자'가 상처를 받고 '피해자'가 될 때까지 가해자를 자극하는 일이 벌어질 수 있다. 이러한 패턴은 가해자를 자기에게 끌어들이기 위해서 사용되기도 한다. 피해자와 가해자 사이의 이러한 결합은 그 어느 결합보다 감정적으로 더 깊고 긴밀하기 때문이다.

무죄의 환상

삶을 살아가면서 무죄는 환상이다. 다른 사람의 무죄도, 또 자신의 무죄도 말이다. 피할 수 없는 잘못에 연루되기는 오늘날의 우리 삶도 마찬가지다. 주인공은 딜레마에 빠진다. 말하자면 주인공이 어떤 결정을 내리든, 어떤 행동을 하든 그는 죄를 범한다. 또한 좋은 뜻에서 한 행동조차 화를 불러일으킬 수 있고, 악행이 결국 선으로 이어질 수도 있다는 사실도 인식할 수 있다. 선과 악, 옳고 그름의 분리가 잘못된 것처럼 보인다. 하지만 누가 이러한 오랜 영향력을 무시할 수 있겠는가? 우리는 우리가 원하든 원하지 않든 죄를 짓게 되어 있으며, 아무리 착하게 살려고 노력해도 죄를 지을 수밖에 없다.

우리가 가해자에게 감사할 수 있는 것

친구가 있다는 것은 아주 훌륭한 일이다. 친구는 우리를 지지하고, 우리에게 충고를 해주며, 우리의 많은 것을 관대하게 봐준다. 그들이 바로 우리의 친구이기 때문이다. 우리를 공격하는 사람들은 그렇게 쉽게 우리의 잘못을 관대하게 봐주지 않는다. 그들은 끊임없이 우리의 약점과 결함을 지적한다. 우리의 한계가 너무 좁아도, 우리에게 소통의 기술이 결여되어도, 우리가 자신을 방어하지 못하고 소신을 주장하지 못해도, 우리의 주장이 충분한 설득력을 가지지 못해도, 아니면 우리가 너무 자기주

장만 해도, 어느 경우든 우리의 적들은 백발백중 이러한 우리의 약점을 건드린다. 그들은 항상 우리의 약점을 캐낸다. 반면 우리는 이 약점을 성장의 도전 과제로 삼을 수 있다. 그리고 우리에게 이렇게 발전의 계기를 제공한 그들에게 감사해야 한다. 그들처럼 우리에게 이렇게 솔직한 사람은 없기 때문이다.

잘못에 대한 처벌과 용서

잘못을 용서하는 것은 우리 문화권에서 아주 친숙한 이념이다. 용서의 이념은 인류사에서 볼 때 약 2천 년 전에 비로소 나타났으며, 그전에는 익숙하지 않은 이념이었다. 인류 역사의 초창기에는 잘못과 이로 말미암아 야기된 손해의 정도에 비해 지나칠 정도로 잔인하고 가혹한 처벌이 존재했다. 이러한 처벌은 정의라기보다 복수에 가까웠다. '눈에는 눈, 이에는 이'라는 구약성서적인 원칙은 이러한 역사에 비춰볼 때 결정적인 발전이었다. 적어도 죄의 무게에 따라 처벌의 정도가 정해졌으니 말이다. 그런데 이러한 원칙으로는 세상을 화해와 평화로 이끌 수 없다는 사실을 매일 마주한다. 상처에 대한 보복이 또다시 앙갚음을 정당화하는 계기를 마련하고, 상처를 상처로 되갚아준다. 그것도 즉시! 오로지 선의와 인류애를 지닌 우월한 사람만이 새로운 죄와 폭력, 고통만을 야기하는 이러한 광기를 돌파할 수 있다. 힘없는 사람들이 보복을 포기하면 너무 쉽게 자신의 요구를 포기하고 굴복하는 것으로 이해될 수 있다. 심지어는 자신이 자존심도 없는 무가치한 사람이라는 사실을 인정한다는 것으로 이해되는 경우도 많다.

카르마Karma, 즉 업보에 대한 사상은 죄와 잘못의 균형과 조정을 윤회의 작용 방식에 맡김으로써 결정적으로 한 걸음 더 나아간다. 카르마 사상에 따르면 인간이 현생에서 유발한 괴로움은 분명히 나중에 자신에게로 다시 돌아온다. 그렇기 때문에 개인이 자신에게 가해진 모든 행위를 용서할 필요가 없으며, 가해자가 자신의 행동을 통해 직접 자신의 죗값을 치른다고 믿는다. 또한 자신의 괴로움에 대해서도 마찬가지라고 생각한다. 그렇기 때문에 업보를 쌓지 않으려고 한다. 카르마의 관점이 상처와 고통을 대하는 또 다른 태도를 낳는 것은 확실하다. 이러한 관점에서는 고통이 삶의 일부분이다. 보다 쉽게 말하면, 자신이 직접 유발한 괴로움이라고 해명되고 받아들여질 수 있다.

우리가 지금 이야기하고 있는 맥락에서 동양과 서양 사상의 혼합으로 생겨난 이러한 사상이 어떻게 보면 위험하게 비칠 수도 있다. 즉, 이러한 사상에 따르면 인간이 발산하는 모든 것이 그 정도가 더욱 심해져서 자기 자신에게 돌아온다. 정신적으로 상처받는 사람은 자신의 스트레스 반응에 의해 공격과 분노, 격분으로 반응한다. 그것도 사정없이 무분별하게 말이다. 치밀어 오르는 자신의 감정을 행동으로 나타내지 말아야 한다는 것을 배웠다 해도, 그는 상처를 받는 순간에는 그에 해당하는 반응을 발산한다. 정확히 자신의 약점을 공격당했거나 트라우마를 가지고 있다면 분노와 증오가 그에 대한 반응으로 나타날 수밖에 없다. 이 이론에 따르면 당사자는 더 많은 공격을 불러일으킬 것이며, 이는 다시 그가 더 격렬하게 반응하고 그에 따른 신호를 보내는 결과로 이어질 수 있을 것이다. 이 사상은 앞에서 기술된 문제를 더욱 강화시키는 결과로 귀결될 수 있다. 이러한 방식으로 피해자는 또다시 자신의 상처에 대한 잘못이 자신에게 있다는 도덕적 이념의 피해자가 되고 만다.

용서해야 한다는 강박에서 벗어나기

용서는 앞에서 언급된 이념들을 훨씬 능가한다. 용서는 우리를 자유롭게 하고, 우리가 후회하는 모든 잘못으로부터 짐을 덜어준다. 이를 통해 삶은 매일 새롭게 관찰될 수 있으며, 우리는 매일 새로 태어난 것처럼 시작할 수 있다. 우리는 잘못으로 인한 과거의 짐을 더 이상 메지 않고 내던져버릴 수 있다. 용서는 아주 새로운 이념이기에 우리 정신에 여전히 혼란스럽게 작용한다. 그래서 우리는 이 이념을 쉽게 믿지 못할 때가 많다. 우리의 정신 속에 깃든 고대의 이미지 속에는 여전히 엄격한 처벌이 우세하게 지배하고 있기 때문이다. 이러한 사실은 옛 동화에도 잘 나타나 있다. 동화에서는 선행은 보상받고 악을 행한 존재는 불에 달군 구두를 신고 춤을 추는 가혹한 처벌을 받게 된다는 단순한 세계가 그려진다.

우리는 종종 이러한 이미지에 따라 자기 자신과 자신의 잘못을 다스리며, 이 사실을 적시에 인식하지 못하고 자신을 벌하는 경우가 많다. 우리는 자기 자신의 발을 스스로 걸어 넘어뜨리고 불행이나 불운을 연출한다. 그리고 이러한 식으로 자신의 짐을 덜거나 다른 사람의 처벌을 미리 방지하려고 한다. 이러한 현상은 종종 아이들에게서도 관찰된다. 그러므로 아이가 잘못에 이렇게 대응하고 있다면 부모가 그 방식을 변화시켜주어야 한다. 쓸데없이 아이에게 불필요한 처벌을 하지 말아야 한다. 자기가 실패했다는 사실이 이미 충분한 처벌이니까.

우리가 죄와 용서의 문제를 이야기할 때는 미성숙한 우리의 내면세계를 고려해야 한다. 우리는 다른 사람을 용서할 때 실제로는 용서하지 않으면서 너무 쉽게 용서한다는 말을 한다. 또 마치 판단과 선입견이 들어 있는 것처럼 너무 앞서서 용서를 하기도 한다. 말하자면 너무 일찍 성급하게 용서한다는 말을 한다. 이러한 용서는 어느 정도 인습으로 말미암은 상투적인 용서이며, 이 경우 자신의 고통을 무시하고 넘어가야 하는 대가를 치르는 경우가 많다. 그렇기 때문에 이러한 용서는 흔히 피상적인 수준에 머물며, 상대에 대한 앙심은 내면에서 계속 영향을 미친다. 더 정확히 말하자면 누구에게 잘못이 있는지에 대한 생각을 계속해서 은밀히 한다.

이는 우리 자신에 대한 용서일 경우에도 해당된다. 자기 자신에 대한 용서는 자각되는 경우가 별로 없으며, 오로지 머릿속에서만 일어난다. 다시 말해 생각 속에서만 이루어질 뿐, 감정적으로 느껴지거나 자각되지 않는다.

감각적으로 경험하는 용서

많은 개신교 신자들은 성찬식을 통하지 않고 스스로 자기 자신에 대한 용서를 처리한다. 그리고 그들은 자기 자신을 용서했다고 생각한다. 하지만 용서는 그에 해당되는 의식을 행하지 않고서는 감정적으로 호응을 거의 얻지 못하며, 신체적으로도 느끼지 못한다. 그렇기 때문에 그들은 아무것도 느끼지 못한다. 이에 비해 가톨릭 신자들은 고해성사나 신부와의 대화, 속죄 행위, 또는 훨씬 감각적으로 경험할 수 있는 의식을 함으로써 조금 더 쉽게 용서를 느낄 수 있다. 어느 경우든 용서가 형식적으로만 이루어질 경우 우리 몸의 모든 세포 속으로 파고들지 못하며, 그 결과 자유로워진 느낌을 경험할 수 없다. 우리에게는 고해와 성찬식 말고도 감각적으로 경험할 수 있는, 그리고 종교 생활과는 별개로 수행될 수 있는 용서의 형태가 필요하다.

다른 사람을 용서하기

당신 앞쪽의 바닥 위에 A라는 위치를 정하라. 종이로 이 자리를 표시해두는 것이 가장 좋다. A 위치에 서서 당신의 상처와 당신이 아직 용서하지 않은 '가해자'를 떠올려라. 그리고 떠올린 내용을 당신의 생각과 감정, 신체 상태에 의식적으로 작용하도록 하라. 아무것도 수정하려고 하지 말고 침착하게 사실 그대로 인지하라. 여기서 중요한 것은 오로지 현재의 상태를 탐색하는 것이다.

그런 다음 중립적 출발 위치로 물러나라. 그리고 그 사람에 대한 기억으로부터 벗어나서 당신이 표시한 A 자리에서 느꼈던

중립적 출발 위치

상태를 외부에서 관찰하라. 그런 다음 새로운 경험을 위해 마음을 비우도록 하라.

두세 걸음 떨어진 곳에 B 위치를 표시하라. 이 위치는 용서의 이념을 위한 자리다. 이제 이 위치에 서서 그 이념 속으로 완전히 들어가라. 용서의 이념이 당신의 생각에 어떤 작용을 하는가? 당신의 감정에는? 그리고 당신의 신체 상태에는? 특히 당신의 심장 부위에 유념하라. 이 이념이 주는 자극을 내면에 받아들여라.

용서의 이념이 당신 마음에 가득 차면, 몇 걸음 떨어진 곳에 당신이 용서하고 싶은 사람을 나타내는 C의 위치를 상상하라. C의 위치는 당신이 있는 공간의 외부에 존재하며, 당신은 그 위치로 진입하지 않을 것이다. C의 위치 쪽을 바라보면서 당신의 심장에서부터 용서의 기류를 흘려보내라. 용서를 전할 때 당신의 몸에 어떤 느낌이 전해지는지 느껴보라. 용서의 이념 역시 하나의 이념이므로 고갈되지 않는다. 그러므로 아무런 걱정할 필요가 없다.

시간이 조금 지나서 자기 자신을 다시 의식하라. 그리고 용서 이념과의 연결 고리를 의식적으로 유지하고 B 위치를 떠나라.

이제 당신이 조금 전에 A라고 표시한 위치로 가서 이 사람을 생각해보길 바란다. 지금은 어떤 느낌이 드는가? 지금 당신의 생각과 감정, 신체 상태를 조금 전에 느꼈던 것과 비교해보라.

어떤 변화가 생겼는지 확인해보라. 이제 당신은 그 사람을 용서하고 그에게 행운을 빌어줄 수 있는가? 이제 그 사람으로부터 해방될 수 있겠는가?

만약 이 모든 것이 쉽게 되지 않을 경우 이 과정을 가끔씩 반복한다면 도움이 될 수 있다.

남을 용서하는 것보다 훨씬 더 중요한 것

다른 사람을 용서했다면 자기 자신을 용서하기가 더 수월해진다. 다른 사람을 용서하는 것과 자기 자신을 용서하는 것, 이 두 가지는 이념상 매우 밀접하게 연결되어 있다. 즉, 자기 자신만을 용서한다는 것은 존재하지 않으며, 그것은 그저 일종의 자기 정당화일 뿐이다. 다른 사람을 용서할 수 있으면서도 자기 자신은 쉽게 용서하지 못하는 사람들을 종종 볼 수 있다. 다음에 기술되는 방법은 그런 사람들에게 도움을 줄 것이다.

자기 자신을 용서하기

먼저 A 위치를 결정한다. 매 실험마다 각각의 자리를 새롭게 정하도록 하라. A 위치에 서서 자신을 용서하거나 자신에 대한 용서를 받아들이기를 어려워하는 당신의 태도를 다시 한번 명확히 자각하라. 이 자리는 자기 자신을 대하는 당신의 입장을 나타낸다. 이 자리에서 당신은 어떤 생각이 들며, 당신의 감정

과 당신의 신체 상태는 어떠한가? 당신의 상태를 그냥 있는 그
대로 느껴보라.

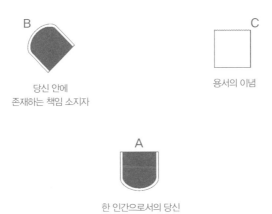

B
당신 안에
존재하는 책임 소지자

C
용서의 이념

A
한 인간으로서의 당신

중립적 출발 위치

  그런 다음 잠깐 중립 위치로 돌아갔다가 '책임 소지자' 자리
인 B 위치로 옮긴다. B 위치에 서서 자기 자신을 용서하지 않
았던 행동을 인지하라. 당신이 가진 모든 마음의 짐, 당신이 한
행동, 하지 않은 행동을 떠올린다. 이때 당신의 생각과 감정, 신
체 상태가 어떤 작용을 하는가? 아무것도 변화시키려고 하지
말고 그 느낌을 그대로 느껴라.

  다시 중립 위치로 돌아온다. 만약 B 위치에서 아주 나쁜 느낌
이 들면 즉시 중립 위치로 돌아온다. 중립 위치에서 마음을 편

안히 다스린 후 B 위치에서 몇 센티미터 정도 살짝 떨어진 곳에
선다. 이렇게 살짝 거리를 두면 견디기가 조금 더 쉽다. 그리고
그 위치를 표시해둔다. 이 위치는 변화를 자각할 수 있는 타협
의 위치가 된다.

세 번째 위치 C는 용서의 이념을 채우기 위한 '주유소'다. 이
위치에 서서 가장 먼저 아무런 의도도 품지 말고 자신과 용서
의 이념을 하나로 합일시키고, 그 느낌을 내면에 받아들여라.
당신의 내면이 용서의 이념으로 가득 차면, 먼저 지금까지 자기
자신을 용서하지 못했거나 용서를 받아들이지 못한 당신이라
는 사람을 대변하는 A 위치를 바라보라. 그리고 A를 향해 용서
의 기류를 흘려보내라.

약간의 시간을 가진 후 다시 A로 돌아와서, 이 위치에서 용서
를 의식적으로 마음속에 받아들여라. 이때 충분한 시간을 가지
도록 한다. 아무것도 느껴지지 않더라도 재촉하거나 밀어붙이
지 마라. 그러면 당신에게 무엇이 장애가 되는지 뚜렷하게 나타
날 수도 있다. 이를테면 어떤 사람은 생각('말도 안 돼!' 아니면 '이
렇게 쉽게 된다고?')이 방해가 될 수도 있고, 또 어떤 사람은 마음
속에 변화를 거부하려는 느낌을 받을 수도 있다. 당신이 어떻게
반응을 보이든지 상관없이 용서의 이념을 대변하는 C 위치를
향해 시선을 고정시켜라.

용서의 기류를 마음속에 받아들였다면 이제 '책임 소지자'의

위치인 B를 바라보라. 그리고 자기 자신의 내면에 존재하는 이 책임 소지자를 — 반드시 봐야 할 필요가 없더라도 — 인지하도록 한다. 아마 당신은 그 책임 소지자의 곤란함이나 그의 약점, 그냥 다른 사람들처럼 똑같이 하려는 그의 노력, 눈에 띄지 않으려는 그의 바람, 그의 비겁함, 아니면 그것이 무엇이든 그에게 죄책감을 초래한 것을 느낄 수 있을 것이다. 또 그가 죄책감을 느낀 이후로 자기 자신을 힘들게 만들려고 했다는 사실도 발견하게 될 것이다. 당신이 무엇을 인식하든 더 이상 혼자서 압박감을 느끼면서 끙끙 앓지 말아야 한다.

용서가 가득 충전된 당신은 '책임 소지자'인 B를 인식했고, 그를 예전과는 완전히 다르게 인지했다. 당신이 그를 최종적으로 용서하려고 하는지 검토해보라. 그렇게 하기를 원한다면 당신이 그를 받아들였으며 언제든지 다시 용서할 수 있다는 용서의 광선을 그에게 보내라. 이때에도 충분한 시간을 갖는다.

일단 이 정도로 충분하다는 생각이 들면 당신의 자리를 떠나서 방금 당신이 용서한 존재가 있는 B 위치로 옮긴다. 이제 B 위치에서 당신은 어떤 생각이 드는가? 지금 당신의 감정은 어떠한가? 그리고 당신의 신체 상태에는 어떤 변화가 있었는가? 신체 상태는 언제나 방법의 효과를 측정하는 척도가 된다.

이제 다시 A 위치로 돌아온다. 그다음 다시 중립 위치로 돌아온다. 오늘 한 연습이 충분하다는 생각이 들더라도 이 방법을 반복적으로 수행하는 것이 도움이 될 수 있다.

그래도 용서가 되지 않는다면 은혜를 베풀라

나는 이러한 의식을 수행해도 마음이 편해짐을 느끼지 못하는 사람들을 항상 만났다. 그들도 머리로는 용서하지 않는 것이 자신에게 손해라는 것을 이미 알고 있었다. 그들이 이러한데에는 아마도 아주 개인적인 이유가 있을 것이다. 하지만 그들도 마음의 짐을 덜어놓을 수 있다. 말하자면 은혜를 베푸는 방법도 있다. 지배자는 아주 특별한 계기에서, 예를 들면 승리나 기념, 자신의 힘을 보여주기 위해서나 선의나 자비의 뜻에서 죄수에게 사면이나 감형을 부여할 수 있다.

이러한 의미에서 당신이 아직도 용서하지 못하는 사람들에게 관용을 베푼다고 상상해보라. 이를 위해서는 그저 해당 인물을 상상하기만 하면 된다. 머릿속으로 당신의 선한 뜻을 그 사람에게 베풀고, 그 사람을 은혜로 석방시켜주는 것이다. 나아가 그 사람이 앞으로 잘 지낼 수 있도록 빌어줄 수도 있다.

이렇게 하면 당신의 마음도 가벼워지고 편안해지며, 이러한 느낌이 가슴 부위로 확대되어 신체적으로도 느껴지고 이를 즐길 수 있게 된다. 당신이 당신 자신에게 은혜를 베풀기 위해서 이 방법을 조금 변화시킬 수도 있다. 자신에게 은혜를 베풀 때에는 당신이 은혜를 베푸는 사람이 되기도, 또 은혜를 받는 사람이 되기도 한다.

이를 위해서는 앞서 기술된 방법들에서 사용된 것과 똑같은 구조가 필요하다. 이를테면 용서의 자리는 '은혜의 이념'이라는 의미를 담고 있다. 이 방법의 효과를 조금 더 극적으로 증대시키고 싶다면 A 위치에서 은혜를 베풀 때 당신이 직접 들을 수 있을 정도의 큰 소리로 발언을 하라. 나아가 용서하고 싶은 사람에게 화해의 의미로 손을 내밀 수도 있다. 무엇보다도 중요한 것은 그 사람에게 당신의 마음으로부터 은혜의 기류를 흘려보내는 것이다.

경우에 따라서는 해당 인물이 다른 사람을 용서했거나 적어도 어떤 은혜를 베풀었을 때에 비로소 자기 자신을 용서하는 것이 가능하다. 해당 인물이 자신의 죄를 속죄하기 위해 구체적인 행동을 했을 수도 있다. 이를테면 걸인에게 일정 금액의 돈을 베풀거나 동물 보호소에 후원금을 송금하는 등의 선행을 했을 수 있다.

그래도 은혜를 베풀 수 없다면 어떻게 해야 할까? 그렇다면 용서나 은혜를 베풀고 싶다는 바람에 자신을 집중시키고 그 바람을 들릴 정도로 크게 말하는 것이 도움이 될 것이다. 마음에서 우러나오는 솔직한 바람이 우리의 인지를 촉진시켜서 내면의 분위기를 변화시켜줄 수 있다.

상처와 고통을 발전의 원동력으로

발전은 항상 이루어진다. 자연 속에서는 이를테면 단세포 동물에서 인간으로 진화한 사실에서 증명될 수 있으며, 개체가 성장하는 것에서도 마찬가지로 확인될 수 있다. 역사에는 인간의 공존 이념의 발전이 반영되어 있다. 당신이 자신의 삶을 바라볼 때, 과거에는 어떤 생각을 했으며 현재에는 어떤 생각을 하고 있는가? 과거에는 무엇이 당신의 마음에 들었으며, 지금은 무엇을 좋아하는가? 시간이 흐르면서 비로소 당신은 많은 것을 의식하게 되었다. 당신은 상처를 받기도 했고, 또 다른 사람에게 상처를 주기도 했으며, 상처에 대한 당신의 입장도 변화했다. 당신은 발전한 것이다.

발전이 우리에게 항상 선사되는 것은 아니다. 그리고 우리는 이러한 발전이라는 선물을 항상 거리낌 없이, 그리고 자발적으로 받아들이지도 않을 것이다. 모든 것이 있는 그대로 남아 있으면 더 편안하다. 왜냐하면 우리가 거기에 어느 정도 적응되어 있기 때문이다. 종종 우리의 익숙한 구태의연함은 어쩔 수 없이 방해받을 수밖에 없다. 예를 들면 외부적인 변화가 생기며, 이러한 변화는 익숙하지 않은 낯선 상황에 새롭게 적응하도록 요구한다. 각종 장애물과 저해 요소, 실망, 착각, 우리가 세상에 대해 품고 있던 생각과 실제 세상과의 충돌, 이 모든 것이 우리를 자극한다. 하지만 이것이 발전을 촉진하기도 한다. 말하자면 정신적 상처와 고통, 우리의 죄는 내면적으로 발전하도록 우리를 자극한다. 당신이 이러한 것을 경험하지 않았다면 오늘날 당신은 어떤 사람이 되었을까? 이 모든 것이 당신에게 어떤 인식을 가능하게 했는가? 그리고 당신이 경험한 것으로부터 어떤 인식을 더 끌어낼 수 있는가?

예를 들어 아마 당신은 어렸을 때 지금보다 걱정거리가 없었을 것이며, 때로는 오만불손하기도 했을 것이다. 또 어렸을 때에는 다른 사람에 대한 배려심도 지금처럼 많지 않았을 것이다.

어떤 사람은 가슴이 찢어진 채 홀로 남겨지는 것이 어떠한지도 모른 채 가슴이 찢어졌다. 또 어떤 사람은 직장에서 자신이 경쟁과 무시의 피해자가 될 때까지 인정사정없이 냉혹해졌다.

안타깝게도 우리는 다른 사람들이 그들의 발전을 위해 이미 작업해놓은 것을 쉽사리 받아들이지 못한다. 모든 사람이 어느 정도는 다시 처음부터 시작해야 한다고 생각하는 것 같다. 그리고 이는 실수를 한다는 것, 다른 사람에게 상처를 준다는 것, 죄책감을 초래한다는 것, 그리고 다른 사람에게 상처를 받는다는 것을 의미하기도 한다. 결국 우리는 우리에게 깊은 상처를 주고 이로 말미암아 우리의 발전을 자극한 사람들에게 어쩌면 감사해야 할 수도 있다. 정확하게 보자면, 가해자와 피해자는 서로 상대가 발전할 수 있도록 도움을 주었다고 볼 수 있다.

나는 여러분이 이 책을 읽고 여러 다양한 방법을 사용해봄으로써 발전하기를 바라며, 더 이상의 상처와 더 많은 고통을 참고 견딜 필요가 없어지기를 바란다. 매일 저녁 이를 닦듯이 습관적으로 영혼을 청결하게 한다면 상처로 인한 고통이 늘어나지 않을 것이다.

매일 영혼 청소를 하는 것을 잊지 마라

잠들기 전에 그날 하루를 다시 한번 차분히 되짚어보면서 하루를 마감하라. 이때 무엇이 당신을 아프게 했는지, 무엇 때문에 상처를 받았는지, 또 당신이 다른 사람에게 상처를 주지는 않았는지 질문을 해보는 것이 좋다.

어떤 것이 떠오른다면, 앞에서 제시된 방법들을 사용하여 당신을 고통으로부터 구제하라. 예를 들면 당신의 마음을 지지해 주는 것이다.

만약 당신이 너무 피곤하다면 메모지에 떠오른 내용을 기록하라. 침대 협탁에 연필과 메모지를 놓아두는 것은 숙면을 할 수 있는 훌륭한 전제 조건이 될 수 있다. 잠들지 못하게 방해하는 내용을 종이 위에 두어 개의 단어로 적어두고, 다음 날 그 종이에 적힌 것을 살펴보라. 아직도 당신에게 중요하게 생각되는 것을 고심해보거나 규명해볼 수 있다. 그러므로 메모지에 적힌 내용을 진지하게 받아들이도록 하라. 중요한 것은 당신을 짓누르는 것을 꿈나라로 가져가지 않는 것, 그렇다고 흐지부지 넘기지도 않는 것이다.

전날 밤에 적어놓은 내용을 다음 날 다시 살펴보면 그날의 삶 중 한 면만을 보게 된다. 당신이 간과하면 안 되는 다른 한 면도 있다. 당신은 오늘 어떤 즐거움을 경험했는가? 당신은 얼마나 많은 선의와 친절을 경험했는가? 당신이 이 모든 것을 전부 바라본다면 그에 대해 감사하고 싶다는 바람도 마음속에 생길 것이다. 감사하는 마음을 가졌을 때의 상태는 치료에 효력이 있으며, 심장을 확장시키고 이완시켜준다. 이로 말미암아 당신이 더욱 쾌적한 숙면을 취할 수 있는 것은 분명한 사실이다!

불안과 고통 이면에

존재하는 새로운 동력

　정신적 고통과 불안은 서로 동족이다. 이 둘이 결합하면 조
심하고 경계하도록 되어 있다. 당신은 교묘히 자기가 빠져나
갈 구멍을 마련해놓으며, 이로 말미암아 상황이 점점 더 고조될
수 있다. 불안과 고통은 서로 비슷하다. 둘 다 센서처럼 작용하
면서 우리가 처한 상황에 대해 우리에게 정보를 보낸다. 그런데
불안이 엄습하면 대부분 우리는 마력에 홀린 듯 반응하고, 불
안으로부터 지배받는다. 그러면 불안 때문에 우리는 더욱 약해
지고 더 많은 공격을 받게 된다. 그리고 불안을 느끼는 이유가
그만큼 더 많아진다. 우리는 더 깊은 불안 속으로 빠져들게 되
고, 조심하지 않으면 불안의 소용돌이 속으로 휘말려 들어간다.
그러면 극단적인 경우 도전에 맞서지 못하도록 하고, 아예 처음부터 좌절하게 만들 수 있다. 또 불안을 스스로 막을 수 있는 수단을 찾지 못하도록 방해할 수도 있다. 그런데 불안의 본질적 기능은 우리가 생존을 위해 대비할 수 있도록 우리를 각성시키고 우리의 힘을 움직이는 데에 존재한다. 하지만 우리가 불안 때문에 최면에 걸린다면, 즉 우리가 불안을 가지는 것이 아니라 불안이 우리를 가지는 것이라면, 불안은 그 의미를 상실하게 된다. 그러면 불안은 우리에게 더 이상 신호를 보내지 않는다. 그렇기 때문에 우리가 불안의 신호를 인지하면 그 신호를 제대로 이해하고 그 불안이 무엇에 관한 것인지를 상기하는 것이 좋다. 불안은 우리에게 이렇게 말한다. '나는 너에게 파수꾼과 같은 존재이며, 네가 삶을 살아가고 네 앞에 놓인 도전을 성공적으로 행하기를 바란다!'

정신적 상처와 고통에 철저하고 꼼꼼하게 몰두하고 난 후에는 정신적 상처에 대한 불안의 이면을 살펴보는 것도 의미가 있다. 그렇게 하면 굳이 의도하지 않아도 직접 정신적 고통의 상태에 다시 이입된다. 다음의 방법을 실제로 적용시킬 때 아주 일상적인 소소한 불안부터 연습해보는 것이 좋다. 그러면 불안의 이면에 기본적으로 뭔가 다른 것이 숨어 있다는 것을 구체적으로, 그리고 감각적으로 경험할 수 있다.

자발적으로 불안 상태에 이입한다는 것이 역설적으로 들릴 수 있다. 하지만 이렇게 하는 것만으로 이미 이러한 불안을 변화시킨다. 진행 방향을 반대로 돌려 불안으로부터 멀어지지 않고 불안을 향해 접근하는 것이다. 이러한 경험을 위해서는 마음속의 용기를 측정할 수 있는 확실한 척도를 마련하는 것이 필요하다. 이 실험을 할 때마다 항상 기억해두어야 할 것이 있다. 아주 작게 시작하는 것, 정말로 아주아주 작은 불안부터 시작해야 한다는 것이다. 또 이러한 작은 불안이 큰 불안과 관련이 없는 것이 바람직하다. 예를 들면 기차 출발 시간에 너무 늦게 도착할 것 같은 불안, 또는 기차가 지연되거나 좌석이 없을지도 모른다는 불안, 아니면 일이 있어서 파티에서 맨 먼저 자리를 떠야 하는데 남들 눈에 띨지도 모른다는 불안과 같은 작은 불안에서 시작한다.

다음에 기술되는 방법에서 A는 불안의 자리이며, 당신은 이 자리에서 불안을 다시 한번 느낀다. B는 당신이 불안의 이면에 존재하는 속성과 결합되어 있는 자리다. 불안은 기본적으로 추구할 가치가 있는 이러한 상태에 도달하기를 좋아한다. 불안이 무엇과 관계가 있는지, 당신이 불안의 이면에서 무엇을 발견할지 알게 될 것이다.

불안의 이면

모든 생각과 희망, 기대를 제쳐두고 실험을 위해 마음을 열어라. 먼저 작은 불안의 자리인 A에 선다. 이 자리에서 잠깐 불안을 느꼈다면 B 위치로 후진한다. 만약 당신에게 문제가 되는 불안의 이면에 존재하는 속성을 곧바로 마주하지 못할 경우, B 위치를 더 뒤로 옮긴 다음에 다시 한번 시도해보라. 혹시 당신은 너무 오랫동안 그 불안에 빠져 있지 않았는가? 그렇다면 다른 작은 불안을 가지고 실험해보라.

B　불안의 이면에
　　존재하는 것

A　불안

중립적 출발 위치

만약 당신이 자리를 너무 일찍 뜨는 것에 대한 작은 불안을 선택했다면, 그 불안의 이면에 존재하는 따뜻함이나 소속감의 속성, 또는 안전과 자유의 결합을 마주할 수 있다. 당신이 불안의 이면에서 인지하는 것은 — 물론 그것이 완전히 배제되지 않고 당신에게 신체 상태나 감정으로 전달된다 하더라도 — 말과 개념으로 어느 정도 구체적으로 표현된다. 또한 비유나 연상, 기억의 형태로 표현될 수 있다.

고등학생인 비에른은 보고서 발표에 불안을 가지고 있다. 그는 불안의 위치인 A에 아주 잠깐 선다. 불안감이 느껴지고, 그는 이 불안감을 아주 잘 알고 있다. 그에게는 놀랄 일이 아니다. 그는 자신이 느끼는 불안의 속성에 해당되는 B 위치로 기꺼이 옮겨간다. 그는 이 위치에 차분하고 확실하게 서 있다. 그는 웃음을 짓기 시작한다. 그러고는 고개를 끄덕인다. 그는 이렇게 말한다. "그래. 나는 잘할 수 있을 거야. 그리고 나의 노력이 눈으로도 보일 수 있기를 바라. 나는 정말 많은 노력을 기울였으니까." 그는 이 위치와 자신이 하나가 된 좋은 느낌을 가진다. 그는 불안의 위치인 A로 돌아가고 싶지 않다. 하지만 이 위치로 돌아가야 한다. 다시 A 위치에 서자 그는 자신의 불안이 확실히 변화되었음을 자각했다. "불안감이 훨씬 가벼워졌어. 더 이상 불분명하지 않았고, 예전처럼 내 힘을 다 뺏어가지 않아. 그리고 나를 오히려 활력 있게 만들었어." 그는 불안에 대처할 수 있게 되었다. 그는 이렇게 덧붙인다. "내가 아무리 많은 노력을 기울였다 해도 한 번쯤은 실패할 수 있을 거야. 그럴 수도 있어!"

불안은 고통처럼 그 자체를 위해 존재하지 않는다. 불안은 다른 모든 것들처럼 삶의 의미 차원에서 본래적인 기능을 가지고 있다. 당신이 불안을 느낄 때마다 노력할 만한 가치가 있는 이러한 B 위치에 선다면, 불안을 가로질러 나아가서 자신의 불안이 지닌 속성과 자신을 하나로 결합시킬 수 있다. 그 이후에 다시 불안의 위치인 A로 돌아오면 불안이 조금은 변화되어 있다. B 위치에서 당신은 불안이 당신에게 선사하는 힘과 각성을 얻으며, 이렇게 얻은 힘과 각성을 지니고 A 위치로 돌아오고, 뒤이어 '중립' 위치로 돌아온다. 삶에서 당신의 문제에 도달하기 위해서는 이러한 불안의 속성도 필요하다. 이러한 경험을 통해 당신이 알게 된 내용으로 말미암아 불안에 대한 당신의 경험도 변화되었다.

정신적 고통을 이겨내고 만나는 것들

고통 역시 불안과 비슷하다. 다시 말해 고통은 우리 신경 체계의 자극이자 정보다. 고통은 우리에게 뭔가 이롭지 않은 일이 벌어지거나 우리가 상처를 입었다는 사실을 알아차리게 해준다. 우리는 발에 피가 흐르면 붕대로 발을 감고, 상처가 낫도록 발을 쉬게 해준다. 고통이 없다면 우리는 아무 생각 없이 사바나 초원 지대로 달려가 곧바로 자연의 신선한 먹잇감이 될 것이며, 패혈증에 걸려 금방 죽을 수도 있다.

이는 신체적 고통에도 해당되며, 넓은 의미에서는 정신적 고통에도 해당된다. 우리는 상처를 입은 후 다른 사람들이 있는 집단 속에서 보호할 곳을 찾거나 충돌을 해소하고 다시 정신적으로 균형을 찾을 수 있도록 후퇴한다. 그리고 앞으로는 이와 유사한 상황에서 더욱 조심하게 된다. 하지만 우리가 계속 고통 속에 머물러 있으면 고통은 그것의 본래 기능을 상실한다. 그렇게 되면 우리는 영원히, 아무 의미도 없이 헛되이 고통에 시달린다.

모든 불안의 이면에 각 불안과 관련된 속성이 존재하듯이, 고통의 이면에도 ─ 우리가 고통에 시달리고 고통을 거부하면서 통로가 차단되어 종종 접근하지 못하는 ─ 완전히 다른 상태가 우리를 기다린다. 당신이 용감한 발걸음으로 불안을 뛰어넘어 불안이 최종 결정권을 가지고 있지 않다는 사실에 확신을 가질 수 있었듯이, 당신의 정신적 고통의 이면에서 당신을 기다리는 것으로부터도 무언가를 얻을 수 있다. 이러한 발걸음을 위해서 당신에게 필요한 것은 솔직함과 용기다. 그런데 솔직함과 용기는 보상으로 주어진다. 우리가 불안을 그 이면의 속성과 결합함으로써 용기를 얻었듯이, 정신적 고통 역시 그 이면에 우리가 추구할 만한 속성이 존재하며 우리로 하여금 그 속성과 결합시켜 용기를 얻게 한다.

예를 들어 실패에 대한 불안의 이면에는 성공에 대한 바람이 존재한다. 집단에서 배제되는 고통의 이면에는 소속감을 바라는 상태가 존재하며, 무시당하는 고통의 이면에는 존경받고 싶은 바람이 존재한다. 그 연관 관계가 아주 논리적일지라도 이러한 사고의 발견은 단독으로 추론되거나 축약될 수 없다. 속성들이 다양하게 결합하며, 우리가 이전에는 미처 알지 못했던, 특히 개념적으로 뚜렷하게 파악될 수 없는 또 다른 차원들도 나타난다. 아마도 우리는 그것에 대해서 알고 있었겠지만, 그것을 느끼고 감지하는 것은 우리의 지성과는 다른 차원의 것이다. 이를 통해 동시에 치유가 일어난다.

앞에서 기술한 불안 실험을 할 때처럼 정신적 고통의 이면에 존재하는 것에 대한 당신의 경험을 안고 다시 이 고통 속으로 들어가라. 이를 통해 당신의 고통이 변화한다. 말하자면 그 고통이 가지고 있는 힘이 어느 정도 사라진다. 이 방법을 실험할 때 작은 정신적 고통에 대한 기억부터 시작하라.

고통의 이면

A는 고통을 나타낸다. 당신은 고통을 다시 되살려 재경험한 후─또는 고통에 가깝게 다가가기만 해도 된다.─고통의 이면에 존재하는 속성인 B로 물러난다. 이 위치에서 당신이 인지하는 것에 마음을 열어라. 당신의 생각, 특히 당신의 감정과 신체 상태에 어떤 영향을 미치는가? 그 느낌을 마음속에 그대로 받아들여라.

B 고통의 이면에
존재하는 것

A 고통

중립적 출발 위치

조금 후에 다시 당신의 고통을 나타내는 A 위치로 돌아온다. 그곳에서의 경험이 변화했는가? 문제가 되는 고통의 속성과 자신을 결합시키기 위해 가끔씩 그 고통의 뒤로 물러날 때 어떤 느낌이 드는가? 아마도 당신은 이쯤에서 당신이 현 지점에 도달하기 위해 왜 이 책을 많이 읽어야 했으며 고통을 재경험해야 했는지를 자문할 것이다. 이 질문에 대답을 하자면, 당신의 고통은 인지되고 인정받고 이해되기를 원했다. 그렇게 되어야 고통이 정말로 변화되고 해소될 수 있다.

또 한 가지 말하자면, 당신은 아주 중요한 사실을 간과했을 수도 있다. 당신은 숨겨져 있는 것을 다시 들추어내고 온갖 포장과 매듭으로부터 그것을 자유롭게 해방시켰다. 당신이 의식적으로 각성하는 것은 당신의 고통이 준 선물이다. 고통은 자신을 발전시키는 자극을 제공한다! 다른 많은 단계를 거친 후— 결국 다시 귀결되는— 이러한 단계를 실제로 수행하는 사람은 감사함과 기쁨을 자주 느낀다.

상처를 예상하다

앞에서 언급한 엘프리데의 사례를 다시 한번 살펴보자. 그녀는 어렸을 때 또래 친구들로부터 따돌림을 당했다. 그리고 이러한 상처가 반복되는 것에 대한 불안 때문에 집단에 끼게 되었을 때 이상하리만치 부자연스럽게 행동했다. 그녀는 기꺼이 무리에 속하고 싶었지만, 결국 다른 사람들에게 환영받지 못하는 자신의 상황을 늘 고통스럽게 확인했을 뿐이다. 그래서 집단 상황에 처하면 마치 자신이 이미 배제당한 것처럼 행동했다. 그리고 이러한 행동은 다른 사람들에게 좋은 인상을 주지 못했다.

당신도 자신을 보호하기 위해 작동시킨 이러한 프로그램으로 말미암아 항상 자신을 제한하고 고통스러운 상태를 스스로 초래하고 있다는 생각이 든다면 엘프리데처럼 다음의 방법들을 사용할 수 있다. 이때 불안과 고통은 분리되지 않고 하나로 간주되는데, 실제로 이 둘은 하나로 경험되기 때문이다.

반복에 대한 불안을 해소하기

당신은 중립 위치에 서 있다. A는 반복되는 상처에 대한 불안, 자신의 오래된 패턴을 확인하는 것에 대한 불안으로 각인된 구체적인 상황에서의 당신의 상태를 나타내는 자리다. 이 위치로 옮겨서 그곳에서 당신의 느낌이 어떠한지 물어보라.

그런 다음 문제 요소의 위치인 B로 물러나 이면의 상태를 느껴보라. 그리고 다시 A로 가서 당신의 느낌이 얼마나 변했는지 느껴보라.

B   문제 요소

A   상처와 고통에 대한 불안

중립적 출발 위치

엘프리데의 경우 A 위치는 집단 속에서 환영받지 못하는 자신의 프로그램의 작용이다. 그녀는 자신이 상처받을 것을 미리 예상하고 있다. 상처받을 것에 대한 불안에서 생겨나는 내적 긴장감과 다른 사람들과 잘 어울리고 싶은 바람과 노력이 그녀에게 혼합되어 나타난다.

이면의 상태를 나타내는 B 위치는 지나친 동경이나 바람에 대한 생각과 혼동되면 안 된다. 이 자리는 어떠한 기대나 예상으로부터 자유롭게 탐색되는 것이 좋다. 엘프리데는 이 위치에서 자신이 느낀 것을 어떠한 의구심도 갖지 않고 허용했다. 그녀가 B 위치로 물러나 섰을 때 그녀는 긴장이 풀리고 마음이 편안하고 가벼워졌다. 그녀가 일주일에 두 번 동물 보호소에서 데리고 온 강아지와 산책을 할 때와 비슷한 느낌이었다. 그녀는 혼자가 아니다. 강아지와 산책할 때에는 뭔가 특별해야 하며 다른 사람들 눈에 띄어야 한다는 욕심이 사라졌다. 또 자신이 집단에서 배제되고 정신적으로 상처를 받는 것에 대한 불안도 느껴지지 않았다.

그녀가 다시 A 위치에 갔을 때 이제는 긴장감이 훨씬 줄어들었다는 사실을 인지했다. 그리고 중립 위치로 옮겼다. "제가 다음에 다시 그런 상태에 빠지고 그 사실을 알아챘을 때 무엇을 해야 할까요?" 그녀가 질문했다. 이 경우 간단한 요령을 추천할 수 있다. 자신이 현재 처해 있는 곳에서 의자에 앉아 가볍게 뒤로 기대거나 살짝 뒤로 한 걸음 물러나는 것이다. 몇 차례 연습을 하면 긴장이 해소되고 치유의 효과가 있을 것이다.

상황에 굴복하지 않는 지속적인 원동력

당신이 이 책에 제시된 다양한 방법을 사용하여 자신의 정신적 고통을 광범위하게 변화시키고 해소하고 나아가 치유를 위해 마음을 활짝 열었다고 해도 여분의 고통은 계속 남아 있을 것이다. 당신이 인식한 내용을 받아들이고 가공할 수 있게 되었다면, 이러한 변화와 치유의 과정 후에는 자신과 자신의 고통을 다르게 대하게 될 것이다.

그럼에도 고통은 계속 존재할 것이다. 우리 자신의 정신적 고통이 아니더라도 다른 사람의 고통, 나아가 우리 주변의 모든 사람들, 모든 생명체의 정신적 고통이 우리에게 뻗쳐 있다. 이러한 고통은 현재 모습의 지구가 우리의 고향이 아니라는 사실을 우리에게 상기시킨다. 정신적 고통은 우리가 다른 사람들이 현실이라고 정의한 것의 편협함 속에 갇히지 않게 해준다. 정신적 상처는 언제 어디서든지 일어날 수 있다. 이는 고통스럽기는 하지만 동시에 더 많은 인간성을 실현하고 우리가 상황의 힘에 굴복하지 않도록 지속적인 원동력이 되기도 한다. 우리의 동경과 바람을 일깨우고 우리를 생동감 있게 유지시키는 것, 이로 말미암아 발전을 이루도록 하는 것이 바로 고통이다.

감사의 말

이 책은 나를 변화시켰다. 지금까지 내가 썼던 책은 그렇지 않았다. 이 책의 원고를 작성하면서 지금까지와는 완전히 다른 나의 모습을 발견했다. 나는 더 자유로워졌고, 정신적 상처에 더 의식적으로 대처하게 되었으며, 즐거움을 더욱 강렬하게 느끼고 감사하게 되었다. 나는 독자 여러분도 이런 변화를 느끼기 바란다. 물론 처음에는 이 책을 읽으면서 다양한 방법들을 실험하는 동안 여러 가지 위기에 처할 수도 있겠지만 말이다.

나에게 정신적 상처와 고통에 대한 경험을 들려준 모든 사람들에게 감사한다. 또 내가 제시한 방법들을 발전시키고 직접 경험할 수 있는 계기를 나에게 준 사람들에게도 감사의 말을 전한다. 쾨젤Kösel 출판사에서 심리학 및 모던 라이프 분야의 프로그램을 담당하고 있는 우샤 스웨미에게 감사한다. 그녀는 내가 이 책을 쓸 수 있는 동기를 제공해주었다. 또 훌륭하게 조력해준 출판사의 편집인이자 나의 직통 책임자인 지빌레 마이어, 나의 원고를 아주 특별하게 검토해준 프리랜서 편집인인 디아네 칠리게스 교수에게도 감사한다. 그 외에도 당신이 이 책을 손에 넣을 수 있도록 다방면으로 신경 써준 모든 사람들에게 감사의 뜻을 표한다.

쉽게 상처받는 당신의 마음에 대하여

초   판 1쇄 발행 2019년 3월 12일
개정판 1쇄 발행 2024년 12월 2일

지은이 | 롤프 젤린
옮긴이 | 김현정
펴낸이 | 한순 이희섭
펴낸곳 | (주)도서출판 나무생각
편집 | 양미애
디자인 | 박민선
마케팅 | 이재석
출판등록 | 1999년 8월 19일 제1999-000112호
주소 | 서울특별시 마포구 월드컵로 70-4(서교동) 1F
전화 | 02)334-3339, 3308, 3361
팩스 | 02)334-3318
이메일 | book@namubook.co.kr
홈페이지 | www.namubook.co.kr
블로그 | blog.naver.com/tree3339

ISBN 979-11-6218-327-4 03180